JN016742

半オートモードで
月に **23.5万円** が入ってくる

「超配当」
株投資

日経平均リターンを**3.86%**上回った
"割安買い"の極意

2022年282万5128円の"不労所得"を得た
個人投資家
長期株式投資 [著者]

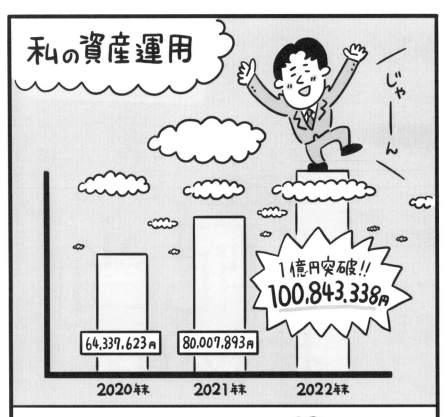

私の資産運用

じゃーん

1億円突破!!
100,843,338円

64,337,623円 80,007,893円

2020年末 2021年末 2022年末

本書を手にとっていただき、
ありがとうございます！
私は、日本の配当株メインの個人投資家。

2022年の税引き後の配当金は
282万5,128円。
月平均にすると、23.5万円。
こうしてお風呂に入っているときも
「株を持っている」それだけで
「ほぼ自動」でお金が入ってきます。

さて最近、この質問を
よく受けるようになりました。
「インデックスと配当株は
どっちが儲かるの？」

これは難題。
一概には答えられません。

でも、「配当株の長期リターンは
捨てたもんじゃない」というのは、真実。
実際、過去10年間における私のポートフォリオの
幾何平均リターン（複利効果込みの年平均リターン）は
日経平均を3.86％上回りました。
この「インデックス or 配当株」問題は、
第7章にて、2024年施行の新NISA活用法とあわせて、
もっと深掘りします。

投資リターン（2022年12月30日現在）			
	日経平均	NYダウ平均	私のポートフォリオ
2013年	56.78%	26.50%	49.35%
2014年	7.08%	7.52%	17.27%
2015年	9.07%	-2.23%	17.74%
2016年	0.42%	13.42%	2.74%
2017年	19.10%	25.08%	17.70%
2018年	-12.08%	-5.63%	-12.86%
2019年	18.20%	22.33%	20.74%
2020年	16.01%	7.25%	-2.15%
2021年	4.91%	18.73%	18.82%
2022年	-9.37%	-8.63%	16.28%
幾何平均リターン	9.64%	9.74%	13.50%

いや〜
景気いいですね〜

この差3.86％！

さて前作の技法は
「20の配当株を『暴落』のときに
買ったりして、積み立てる」という
超シンプルなもの。

本書では企業分析について、
より深く書きました。
その目的は「割安買い」。
暴落はしてないけどおトクな株、
つまり「割安株」が見抜ければ、
儲けの機会はぐっと増えるからです。

「前の本も買わないといけないの？ めんどっ」
と思った君、ご安心を。

本書でも、前作のポイントは、
ギュッと濃縮して書いてます。
つまり、これ1冊で私の投資技法は、
ほぼコンプリート。
完全栄養食ならぬ、
完全投資書といえましょう。

デメリットは、
前回の技法ほどラクではないこと。
そういう意味で「半オート」。

単純に「ラクさ」だけを求めるなら、
前作1冊でOKかもしれません。
でも、「じゃあ、前の本でいいや」と思った君、
ちょっとストップ。

漫画冒頭の私の資産推移を見てください。
お金が雪だるま式に増えているのが
お分かりでしょうか。
毎年1000万円以上のアップです。
当然、運もあります。
でも、投資は長く続けるほど、
そして学ぶほど、
勝つ確率は高まります。

世界最高の投資家、バフェットの富の9割も
50代以降に築かれたといわれています。
投資を始めるのに、遅すぎることはありません。
配当投資にご興味を持った方、
ぜひ、もう少し読み進めてみてください。
あなたの人生を変えるかもしれないので。

本書を手に取ってくださり、ありがとうございます。

本書に関心を持っていただき、そして、今この瞬間に、わずかながらでもご縁ができましたことに感謝いたします。

私は2004年に株式投資を始めました。当時は現在とは違い、くわしくて参考になる投資情報に簡単にアクセスできるような環境ではありませんでした。

そのため、試行錯誤しながら手探りで株式投資をおこなっていたのをよく覚えています。

相場が堅調な時は、何をやってもそれなりにリターンがついてくるもの。私も株式投資を始めた頃は、初心者ながらも、配当分くらいはプラスとなるような運用ができていました。

そして、そのような状態が1年も2年も続くと、それが自分の実力だと思ってしまうのが人の性。

もちろん私も、**「自分には投資の才能があるかも」と過剰に自信を抱いていました。**

ところが、2006年のライブドアショックでは、新興市場が壊滅し、2007年のサブプライム危機から2008年のリーマンショックでは、大型の国際優良株も壊滅しました。

当然、私の運用資産も大幅に目減りします。

「これまでなんとか運用できていたのは運がよかっただけ。すべては自分のカン違いだったんだ」

このように痛感しました。

その後は、株式投資や資産運用に関する書籍を読み漁り、**受取配当を増やすことを軸に据えた投資手法に変えたことで、安定的な運用ができるようになりました。**

5万円で初めて株を買った2004年から、18年10ヶ月後の2022年11月には、サラリーマン投資家としては一つの到達点となる**「億り**

人」となったのです。

　世の中には様々な投資手法が存在しています。

　また、株式投資に関する書籍も数多く存在していますが、本書ではとくに以下の点を大切にしています。

1．再現性があること
2．シンプルで誰にでも真似できること
3．投資初心者でも理解できること

　実際に自分が株式投資を始めたいと考え、投資手法を参考にする際には、その手法に再現性があるかが重要です。

　なぜなら、その手法が個人の才能に依拠するのであれば、多くの読者にとっては単なる読み物となってしまうからです。

　また、再現性があっても複雑で実行しにくい手法であれば、読者にとってその価値は大幅に目減りします。

　読者が実際に行動に移せてこそ、その手法は普遍的な価値を持つことになるのです。

　本書で最も大切にしていることは、投資初心者でも理解できる内容とすることです。

　初心者の方が、読んで、理解して、楽しむことで、長く株式投資を続けられる。そして、着実に資産形成を進められるよう想いを込めて執筆しています。

■ 前作と本作の違いとは？

　前作『**オートモードで月に 18.5 万円が入ってくる「高配当」株投資**』では、
「どのようにすれば、これまで株式投資をおこなった経験のない投資初心者が、株式市場から退場させられずに、長期配当投資のノウハウを学び実践できるか」
　をテーマに、徹底的にかみ砕いて、誰にでも分かるような本にしよう

と心がけて執筆しました。

　幸いにも多くの読者から感謝の声が寄せられ、私のツイッターにはもちろん、**アマゾンでも 1,000 を超えるレビューがついています。**

　これまで株式投資の経験がなかった読者のみなさんが、本を参考にしながら、1 株ずつ積み立て投資を実践し、資産形成を着実に進めている状況を SNS 等でよく見かけるようになりました。

　前作を執筆したことに意味を持たせていただいたと感じており、感謝の念に堪えません。

　その一方で、思うところも出てきました。

　前作は、「投資経験のない初心者がゼロから株式投資を始めて、相場から退場させられることなく、着実に資産形成を進めるにはどのようにすればよいのか」という点にフォーカスして書いています。

　それゆえ、情報過多による消化不良を防ぐために、必要最低限の情報に絞り込みました。

　もちろん、長期配当投資を実践していく上で、何ら問題はありません。ですが、さらに多くの視点を持つことにより、投資の精度をもっと高めることができるのも、また事実です。

　また、前作の読者から、様々なご意見やご要望をいただきました。本書では、そういった声を踏まえ、**前作ではあえて書かなかった発展的な内容を紹介しています。**

　本書は、前作とは相互補完的な内容となっております。

　前作をお読みいただいて初めて株式投資に挑戦した方にも、前作では物足りないと感じた投資経験者にも、読み応えのある内容となっているでしょう。

　とはいえ、**難しさはできる限り取り除き、前作で好評をいただいた読みやすさ、分かりやすさを大切にし、「誰にでも分かる」ことに重きを置いています。**

■ 毎年 282 万円を生み出すポートフォリオ

　図 1 は、2008 年からの税引き後受取配当額の推移です。

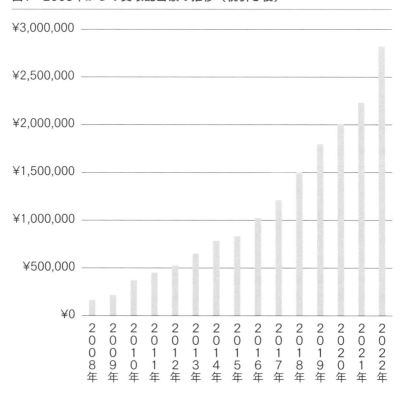

図1 ● 2008年からの受取配当額の推移（税引き後）

お分かりのように、受取配当金は一貫して増加していて、**2022年は過去最高を更新し、2,825,128円となりました。**

配当を意識して記録を取り始めてから14年連続での増加で、累計の受取配当金は1,600万円を超えています。

この間、2009年から現在に至るまで、2011年の東日本大震災、2015年のチャイナショック、2016年のブレグジット、2018年のVIXショックと世界同時株安、2020年のコロナショック、2022年の景気後退懸念による株価下落など、断続的に株価の暴落が発生しています。

しかし、**安定的な配当を出し続ける銘柄群で構成されたポートフォリオ（保有銘柄の組み合わせ）は、株価の変動はあるものの、配当額自体は株価ほどには影響を受けません。**

そもそも、累進配当銘柄（減配せず、配当維持または増配する銘柄）

で構成されたポートフォリオであれば、前年よりも配当額が増加することは自明の理。

それに加えて、受け取った配当を再投資すれば、配当がさらに配当を生み出す複利効果により、受取配当額の増加も加速します。

つまり、株価暴落を気にすることなく、投資を続けていくことができるのです。

■ 必要なのは判断するモノサシ

ここで、2023年3月20日現在、私が保有している主要な銘柄を紹介します。

図2は、私の保有銘柄の比率を円グラフで表したものです。均等分散とはなっていないことに驚かれた読者もいるかもしれません。

長期保有することにより、その銘柄に対しての理解が深まることで、自然と買い時が分かるようになり、株価が安くなれば、バランスを考えつつも優先的に買い増しをおこないます。

結果として、**長期で保有すればするほどに、保有する株数が増えていっているのです。**

また、業績が堅調な企業の株価は、長期的には上昇していくもの。

単に保有し続けるだけで株価が上昇し、全体に占める金額も増え、結果的に保有比率が上昇したということもよくあります。

逆に、現在は保有比率が低い銘柄であっても、今後、長く保有することで買い増ししたいと思えるようになるかもしれません。

その銘柄を長く保有することで、業績が堅調であるにもかかわらず株価が伸びていない、あるいは下落しているなど、株価とその企業の本質的価値がかけ離れていないかどうかも、次第に理解できるようになっていきます。

「株は安く買って高く売れ」といわれます。

しかし、**判断するモノサシがなければ、現在の株価が安いのか高いのか、売買するタイミングとして適切なのかどうかは、分かりません。**

現在の業績や投資指標から判断していくことはもちろんですが、長く

保有することで、その銘柄固有の傾向を把握でき、投資に活かすことも
できるようになるのです。

　大切なのは、割安かどうかを判断するモノサシを持つこと、そして、
実際に安く買うことです。

バランスを考えながら割安な銘柄を買い続けることにより、ポートフ

図2 ● 2023年3月20日現在の保有銘柄

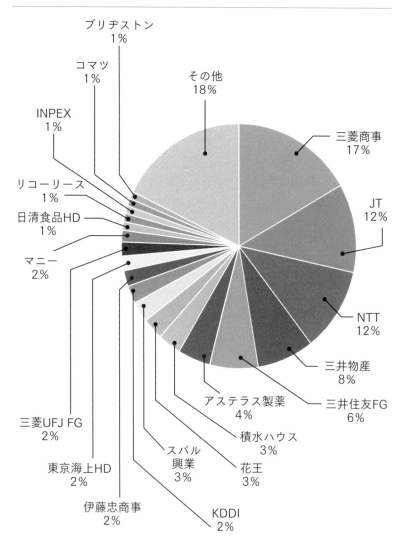

ォリオは自然と理想的な形に近づいていくのです。

日本株への長期配当投資は、リターンも期待できます。

　幸い、過去10年間における私のポートフォリオの幾何平均リターン（複利効果込みの年平均リターン）は、インデックスを上回ることができています。

　もちろん、いい時もあれば悪い時もありますし、事の成否はどの時点で判断するかによって、その評価が分かれます。

　ですが、**長い目で見れば、優良企業をピックアップして株価が安い時に買い、長期保有する手法は、インデックスを上回るパフォーマンスを上げられる可能性を秘めていると実感しています。**

　実際、長期配当投資の結果として、2022年11月に私の運用資産が1億円を突破しました。

図3 ● 投資リターン（2022年12月30日現在）

	日経平均	NYダウ平均	私のポートフォリオ
2013年	56.78%	26.50%	49.35%
2014年	7.08%	7.52%	17.27%
2015年	9.07%	−2.23%	17.74%
2016年	0.42%	13.42%	2.74%
2017年	19.10%	25.08%	17.70%
2018年	−12.08%	−5.63%	−12.86%
2019年	18.20%	22.33%	20.74%
2020年	16.01%	7.25%	−2.15%
2021年	4.91%	18.73%	18.82%
2022年	−9.37%	−8.63%	16.28%
幾何平均リターン	9.64%	9.74%	13.50%

2009 年 8 月 14 日の評価額は 12,615,400 円。

そこから 13 年をかけ、あせらずにゆっくりと資産形成を進めてきたことが、今の結果につながっています。

一攫千金なんて狙わなくても、長い時間をかければ、普通のサラリーマンでも「億り人」となれるわけです。

ちなみに、ブログで記事を書き始めた 2009 年 4 月以降の売買記録や資産の推移は、すべてブログに記録し、公開しています。

もし過去の具体的な売買や資産の推移、保有銘柄の変遷について興味があれば、ブログにアクセスしていただければ幸いです。

前作では、具体的にどの銘柄へ投資したらいいのか、**「死ぬまで持ちたい銘柄 17」**と銘打ち、一つの例を明示しました。

その反響はとても大きく、個別銘柄についての質問や、もっと知りたいといった意見が絶えず、関心の高さに気づかされました。

そこで本書では、**私が保有している銘柄をすべて公開します（巻末付録 1）。**

一つひとつの銘柄について、どのような目的で保有したのか、また今後の保有方針もくわしく記載しています。

また、各セクターにおける代表的な企業を紹介し、私の見解も加えています。みなさんの個別銘柄への知識が深まり、選択肢を広げるための手助けとなればうれしく思います。

この本における私の目標は、本書を読み終えたみなさんが、以下のような投資家になっていることです。

○**株式市場にはどのようなセクターが存在しているか**を理解している
○各セクターにおける主要企業を理解し、**投資先として検討**できる
○よく使われる投資指標を理解し、**投資の判断材料として活用**できる
○決算や財務諸表を理解し、**業績の推移や財務健全性の確認**ができる
○**自分で**投資戦略や戦術を策定し、実行できる
○そして何より、**株式投資を楽しめる**ようになっている

■ 銀行預金しても価値が減っていく時代に

　株式投資は、長く続けることで、着実にリターンを積み上げられます。また、資産運用の世界において株式は、長期の資産形成には必要不可欠。

　さらに、インフレの進行も待ったなしという状況下においては、インフレ耐性が強いといわれている株式への投資は、より一層重要性を増していくでしょう。

　超低金利とデフレが続いていた時代には、現金を保有していても、現金の価値が目減りすることはありませんでした。

　けれど、インフレが進むと現金の価値は減少します。

　最近、同じ 1,000 円でも、以前に比べて買えるものが少なくなったと実感している方も多いのではないでしょうか。

　つまり、**銀行へ預金するだけで何もしなければ、その価値は次第に減少していく時代に突入したということ。**

「自分も何かしなければ……」と思いつつ、「株式投資のことなんて、何も分からない……。やっぱり自分には、株なんて無理なんだ……」なんて不安になる必要はありません。

　長期的に高い可能性で資産形成が期待できる具体的手法については、前作で紹介しました。

　株式投資の未経験者でも真似できる、シンプルで再現性の高い手法で、誰もが最初の一歩を踏み出し、長く投資が続けられるような一冊となっています。

　さらに本書を学ぶことで、**投資判断のモノサシを増やし、より精度の高い投資をおこなうことが可能になるでしょう。**

　株式投資への理解を深めることは、資産運用の知識が増えていくにとどまりません。

　その過程で、政治、経済、国際関係、経営戦略、会計等、様々な分野の知識を積み上げていくことにもつながるのです。

　これらの知識は、実際のビジネスで役に立つことも少なくありませ

ん。その意味でも、**多くのビジネスパーソンにとって、株式投資を学ぶことには大きな価値があると私は考えています。**

　孔子の『論語』には次のような一文があります。

　これを知る者はこれを好む者に如かず。これを好む者はこれを楽しむ者に如かず。

　物事を知っている人は、それを好んでいる人には及ばない。物事を好んでいる人は、それを楽しんでいる人には及ばない、という意味ですね。

「株式投資を学ばずにはいられない」
「投資を検討している企業のホームページを見ているだけで楽しい」
「それらの企業が公表している個人投資家向けの説明資料を読まずにはいられない」

　みなさんがこのような状態になれば、もはや恐れるものはありません。
　本書では、前作では伝えきれなかった、投資判断に役立つ様々な視点、株式投資の奥の深さ、そして何より、株式投資の楽しさをお伝えできればと気持ちを込めて執筆しました。
　これから長い時間をかけて資産形成を進めていくみなさんにとって、何度も読み返していただけるような一冊となれば幸いです。

セクター代表企業の「暴落買い」指標を
◎○△−で4段階評価してみた

第2章 企業と市場に対する「俯瞰力」がアップする
10の指標

第5章 **死ぬまで持ちたい「かも」**
銘柄29選とその買い方

当然儲かったうえで「幸せ」も最大化する
ポートフォリオの作り方

● 本書は、執筆時点の情報を元に作成しています。本書刊行後、金融に関連する法律、制度が改正、または各社のサービス内容が変更される可能性がありますのであらかじめご了承ください。

● 本書は株式投資情報の提供も行っていますが、特定の銘柄の購入を推奨するもの、またその有用性を保証するものではありません。個々の金融サービス、またはその金融商品の詳細については各金融機関にお問い合わせください。

● 株式投資には一定のリスクが伴います。売買によって生まれた利益・損失について、執筆者ならびに出版社は一切責任を負いません。株式投資は必ず、ご自身の責任と判断のもとで行うようにお願い致します。

装丁／安賀裕子

漫画／山中正大

図版・ＤＴＰ制作／㈱キャップス

校正／㈲ペーパーハウス

編集協力／岩崎輝央

編集／荒川三郎（KADOKAWA）

セクター代表企業の 「暴落買い」指標を ◎○△−で４段階評価してみた

　前作では、読者が株式投資の最初の一歩を踏み出しやすくなるよう、将来にわたっても経営破綻することがないであろう 17 銘柄を紹介しました。それらは、実際に私が保有しており、今後も保有し続ける永久保有銘柄です。

　あらためて紹介しますと、

○INPEX（エネルギーセクター）
○JT（タバコセクター）
○花王（トイレタリーセクター）
○アステラス製薬、大塚ホールディングス（医薬品セクター）
○ブリヂストン（タイヤセクター）
○コマツ、クボタ（機械セクター）
○伊藤忠商事、三井物産、三菱商事（商社セクター）
○三菱 UFJ フィナンシャル・グループ、三井住友フィナンシャルグループ（金融セクター）
○日本取引所グループ（取引所セクター）
○東京海上ホールディングス（保険セクター）
○NTT、KDDI（通信セクター）

　の 17 銘柄で、**いずれも日本の超優良企業です。**

　これらの銘柄へ、時間軸を意識して定期的に分散投資をしていけば、着実に資産形成がなされ、受取配当も増え続ける可能性は高いと確信しています。

　その一方で、各セクターにどのような企業が存在しているのか。どの企業が業界ナンバーワンであるのか。オンリーワン企業にどのような企業があるのか。

　こういったことを具体的に知りたいという声も多く寄せられました。

　そこで第 1 章では、日本株の分類として伝統的に利用されてきた 33

業種分類（**図1-1**）をベースにして、各業種の有力企業を紹介していきます。

　また、東京証券取引所では、投資利便性を考慮してさらに17業種に再編したETF（日経平均株価等の指数に連動する投資信託。Exchange Traded Funds の略）が「TOPIX–17シリーズ」として上場されています。これをセクターとして、あわせて紹介します。

　この章を読み終えた頃には、きっと幅広い選択肢を手にしていることでしょう。

　業界における企業の序列というものは、そうそう変化があるものではなく、10年前のリーディングカンパニーが現在もトップ企業であるということがほとんど。

　そして、**10年後もトップであり続ける可能性が高いでしょう。**

　ようするに、その業界自体が廃れない限り、投資に値する魅力的な企業は変わらないことを意味します。

　したがって、この章で紹介する銘柄群は、将来にわたっても各業種における有力企業であり続ける確率が高いということ。

　なので、一度読んだら終わりではなく、**遠い将来にわたっても銘柄を選定する際の参考となるはずです。**

■ 4段階で買いか否かを評価

　この章で紹介する各企業については、株価が暴落した時に買いたいかどうか、以下の4段階で評価しています。

◎　⇒　**ぜひ買いたい**
○　⇒　**買いたい**
△　⇒　**検討したい**
―　⇒　**原則として検討の対象とはしていない**

　長期保有を前提とし、時価総額（企業価値評価の指標。株価×発行済み株式数で計算）、収益性、財務健全性、成長性、配当の持続可能性などから、複合的に判断しています。

図1-1 ● 東証33業種の業種区分

1	水産・農林業	12	ゴム製品	23	陸運業
2	食料品	13	輸送用機器	24	海運業
3	鉱業	14	鉄鋼	25	空運業
4	石油・石炭製品	15	非鉄金属	26	倉庫・運輸関連業
5	建設業	16	機械	27	卸売業
6	金属製品	17	電気機器	28	小売業
7	ガラス・土石製品	18	精密機器	29	銀行業
8	繊維製品	19	その他製品	30	証券、商品先物取引業
9	パルプ・紙	20	情報・通信業	31	保険業
10	化学	21	サービス業	32	その他金融業
11	医薬品	22	電気・ガス業	33	不動産業

とはいえ、どんな株価で買ってもいいということではなく、あくまで**「安くなった時に買いたいかどうか」**をベースとしています。

そのあたりに留意しつつ、普段から気になった銘柄をリストアップしておき、株価が安くなった際に投資を検討してみるなど、みなさんが実際に投資する際の判断材料の一つとしてご活用ください。

 水産・農林業 ～ブロッコリー世界シェアトップの「隠れたグローバル企業」とは？～

水産・農林業は食品セクターに分類されます。

■ **ニッスイ、マルハニチロ**

水産業では、ニッスイとマルハニチロの2強です。

とはいえ、売上高営業利益率（高いほど儲かっている。第2章で解説）は低く、儲かっているとは言い難い状況であり、長期保有を前提と

するならば、あえて投資したいとは思えません。

　業界3位の極洋は、上位2社とはかなりの差があり、検討に値しないと考えます。

■ サカタのタネ

　農林業では、サカタのタネがおもしろい銘柄といえます。

　売上高営業利益率が10%を超え、競争力を確保できていますし、自己資本比率（高いほど健全。第2章で解説）は80%を超えており、財務基盤は鉄壁です。

　また、種苗は国内首位級で、ブロッコリーも世界シェア6割を超え、ニッチなマーケットにおいての存在感は抜群。海外売上高比率は70%を超えており、隠れたグローバル企業でもあります。

　このように、サカタのタネは、企業としては極めて優れているのですが、投資対象とするには株価が高い状態が続いています。

　配当利回りはここ数年、1%前後で推移しており、投資対象とするには物足りない水準です。

　株価の暴落時、配当利回りが10年ほど前の水準である2%に近づくのであれば、投資先として検討に値するのではないかと考えます。

　私は以前、優待目的で保有していましたが、配当が低いことから売却しました。

　その後、業績も株価も配当も右肩上がりで、少し悔しい思いをしています。

会社名	特徴	株主優待	暴落時に買いたいか
ニッスイ （1332.P）	旧日本水産。純利益NO.1。業績連動配当で減配や無配もあり	あり	－
マルハニチロ （1333.P）	売上NO.1だが、純利益はニッスイの後塵を拝す	なし	－
サカタのタネ （1377.P）	利益率が高く、財務基盤も盤石。成長も順調。ブロッコリー世界シェア6割強	あり	△
極洋 （1301.P）	業界第3位。水産上位2社と比べて規模は半分以下で投資対象としては微妙	あり	－

食料品はその名のとおり、食品セクターに分類されます。

食品企業でおもしろいのは、総合食品企業というものが少なく、それぞれ得意な分野が明確に分かれている点です。

総じて利益率は高くなく、売上高営業利益率が10％を超える銘柄は極めて稀。**利益率が10％に近づくほど優良企業ということを知っておきましょう。**

■ JT

食品セクターでは、JT の存在感が圧倒的です。

売上高営業利益率は20％を超えており、たばこ会社では世界5位のグローバル寡占企業です。

たばこ業界は衰退産業とよくいわれますが、新規参入が難しく、少数の企業が生産や販売市場を支配している状態が、世界的に続いています。また、利益率の高さから見ても、儲かる業種といって問題ないでしょう。

長い目で見るならば、**配当利回りが6％程度あれば、配当込みのトータルリターンで考えて、魅力的な投資先の一つだと思います。**

■ アサヒグループホールディングス

アサヒグループホールディングスは、缶ビールの「アサヒスーパードライ」で有名ですね。

現在は、カルピスを完全子会社として事業を展開していたり、子会社のアサヒグループ食品が「ミンティア」を販売していたりと、事業の幅を拡大しています。

実質累進配当で連続増配を続けており、**株価が下がって配当利回りが上昇した時こそ、投資チャンスです。**

コロナショックの際、株価がかなり下がったので、私も投資を検討しましたが、そうこうしているうちに株価はスルスルと上昇。結局、チャ

ンスを逸してしまいました。

　またチャンスがあれば投資を検討したいと考えていたところ、2022年12月に株価が下落したため、そのタイミングで新規投資しています。

■ キリンホールディングス

　キリンホールディングスは、ビール業界ではアサヒグループホールディングスと双璧。

　また、医薬品、バイオを主力としている協和キリンを傘下に収めており、医薬事業など健康領域にも進出しています。

　実質累進配当で減配の可能性はさほど高くありませんが、業績にムラがあり、ここ数年は低迷しています。

　業界トップ級の企業ではありますが、連続増配というわけでもなく、**長期で保有するには少し覚悟がいる銘柄です。**

■ 味の素

　味の素は、調味料国内首位の総合食品メーカーです。

　アミノ酸技術に強みがあり、アミノバイタル等の関連商品をみなさんもよく見かけるでしょう。

　以前は業績が振るわない時期もありましたが、最近の業績は好調で、株価も上昇へと転じています。

　配当利回りは1%台半ばで推移していて、売上高営業利益率も10%前後まで上昇。ここからも、収益率の向上が見て取れます。

　ただし、過去10年間の業績の推移にブレがあるため、投資対象としては検討を控えていますが、**食品業界のキープレーヤーとして頭の片隅に置いておいて損はないでしょう。**

■ キッコーマン

　キッコーマンは醤油首位で、海外売上高比率6割を超えるグローバル企業。

　業績も安定感があり、売上高営業利益率は10%に迫る水準です。

　自己資本比率も70%を超えていて、財務基盤は堅牢だといえます。

このように、企業としては申し分がないのですが、業績が堅調なだけに、株価も割高な水準が続いています。

　株価が下がらないため、配当利回りが1%を上回ることもほぼなく、その点を納得できなければ、投資することは難しいかもしれません。

　醤油業界において天下無双のキッコーマンに関しては、大暴落時に投資を検討する銘柄としてリストアップしつつ、**実際に投資機会がおとずれることは、ほとんどないと思います。**

■ その他

　食品業界には他に、乳酸菌飲料首位のヤクルト、即席麺首位の日清食品ホールディングス、チョコレート・ヨーグルト首位の明治ホールディングス、マヨネーズ・ドレッシング首位のキユーピー、トマト加工品首位のカゴメ、カレールウ首位のハウス食品グループ本社、スナック菓子首位のカルビー等々、特定の分野でトップとなっている優良企業がたくさんあります。

　それらの多くが実質累進配当で、株主優待を実施している銘柄も多々あるので、**株価が暴落した時には投資を検討してみるのもおもしろいかもしれません。**

会社名	特徴	株主優待	暴落時に買いたいか
JT （2914.P）	たばこ世界5位のグローバル企業寡占企業。配当性向75%	なし	◎
アサヒグループ ホールディングス （2502.P）	ビール国内首位級。子会社にカルピス。M&A積極的。実質累進配当	あり	△
キリン ホールディングス （2503.P）	ビール国内首位級。協和キリンが傘下。実質累進配当	あり	ー
味の素 （2802.P）	調味料国内首位。アミノ酸技術に強み。海外売上高比率5割強。実質累進配当	あり	ー
キッコーマン （2801.P）	醤油首位。海外売上高比率6割強。財務鉄壁。実質累進配当	あり	△

③ 鉱業 〜INPEX を脅かす企業はあるか？〜

鉱業はエネルギー資源セクターに分類されます。

■ INPEX

　この業界で時価総額が 1,000 億円を超えているのは INPEX と石油資源開発のみですが、この 2 社は時価総額に相当な開きがあり、実際は INPEX の 1 強です。

　投資対象としても INPEX に注視していれば事足りるでしょう。

　INPEX は業績連動型配当で、配当下限を 30 円に設定しつつも、過去には減配となったこともあります。

　資源価格の影響を大きく受けることによる減配リスクを考慮すると、**少なくとも 4％以上の配当利回りを確保して投資したいところ。**

会社名	特徴	株主優待	暴落時に買いたいか
INPEX （1605.P）	原油・ガス開発生産首位。業績は原油価格の影響大。配当下限 30 円	あり	◎
石油資源開発 （1662.P）	業界 2 位。配当性向 30％、配当下限 50 円。業績のブレが大きい	なし	―

④ 石油・石炭製品 〜ここでも INPEX を注視するべきワケ〜

石油・石炭製品はエネルギー資源セクターに分類されます。

　業界再編により現在は、ENEOS HD、出光興産、コスモエネルギー HD の 3 社体制に集約されています。

　石油元売りでは ENEOS が実質 1 強ですが、エネルギー資源セクターという枠組みで考えた場合、開発という上流工程に携わっている INPEX を投資対象として注視していた方が無難でしょう。

会社名	特徴	株主優待	暴落時に買いたいか
ENEOS HD （5020.P）	石油元売り首位。実質累進配当だが、増配率は低い	なし	－
出光興産 （5019.P）	石油元売り2位。以前に配当下限160円を設定し達成できなかった実績あり	なし	－

5 建設業 ～暴落で「買いたい」2社は？～

建設業は建設・資材セクターに分類されます。

ハウスメーカーとしては、大和ハウス工業と積水ハウスの2強です。

総合建設会社（通称ゼネコン。「総合請負業」を意味する general contractor が由来）では、鹿島建設、清水建設、大成建設、大林組、竹中工務店（非上場）の大手5社が日本を代表する企業で、スーパーゼネコンと呼ばれています。

■ 大和ハウス工業

大和ハウス工業は、建設・資材セクターで時価総額トップ。

ハウスメーカーでありながら、準大手ゼネコンのフジタを100％子会社としているなど、事業の多角化を推進しています。

配当性向は35％、配当下限を130円と設定している累進配当銘柄で、株主還元への姿勢は評価できますし、株価が暴落した時には、ポートフォリオへ組み込むことを検討してもよい銘柄の一つでしょう。

ここ数年の配当利回りの推移は3〜4％半ば程度となっており、**配当利回りが4％を超えてきたら注視していきたいところ。**

■ 積水ハウス

積水ハウスは、累積建築戸数250万戸超と、戸建て住宅では長年NO.1を誇っています。

中期的な平均配当性向を40％以上とするとともに、断続的な自社株買いをおこなっています。

実質累進配当銘柄で、業績が一時的に振るわなくなった時期であっても、わずかでも増配しようとする経営陣の姿勢は評価でき、長期的に保有したいと思える銘柄の一つです。

　ここ数年の配当利回りの推移は 3.5 ～ 5％弱。大和ハウス工業と同様に、**配当利回り 4％を確保した上で投資できればまずまずと考えられます。**

■ スーパーゼネコン

　スーパーゼネコン 5 社の内、竹中工務店は非上場企業ですので、投資可能銘柄はそれ以外の 4 社となります。

　ここ数年は、震災の復興需要や東京オリンピック関連で需要が旺盛でしたが、それもひと段落した現在の業績は、予断を許さない状況といえるでしょう。

　原材料価格の高騰が利益を圧迫する展開も予想され、投資対象としては慎重に検討していく必要があります。

「銘柄分散のために、どうしても投資したい」ということであれば、実質累進配当で財務基盤も相対的に固い大成建設を、株価が暴落して配当利回りが納得できる水準まで上昇した時に投資する、という選択はありでしょう。

■ ショーボンドホールディングス

　ショーボンドホールディングスは、時価総額はそれほど高くはありませんが、安くなったら積極的に検討したい銘柄です。

　売上高営業利益率 20％前後という、非常に高い水準で安定的に推移していて、無借金で 14 年連続増配中。

　優良企業のため、株価はなかなか安くなりませんが、**株価暴落時に配当利回りが 2％を大きく上回るようであれば、検討に値するでしょう。**

会社名	特徴	株主優待	暴落時に買いたいか
大和ハウス工業 （1925.P）	建設業で時価総額首位。配当性向35％、配当下限130円。累進配当	あり	△
積水ハウス （1928.P）	ハウスメーカーの雄。累積建築戸数は世界一。配当性向40％。実質累進配当	あり	○
鹿島建設 （1812.P）	スーパーゼネコン。配当性向30％を目安。2012年に減配。その後は実質累進配当	なし	－
大成建設 （1801.P）	スーパーゼネコン。配当政策は長期的な安定配当。実質累進配当だが増配率は低い	あり	－
大林組 （1802.P）	スーパーゼネコン。配当政策は自己資本配当率（DOE）3％程度。実質累進配当	なし	－
清水建設 （1803.P）	スーパーゼネコン。配当性向30％を目安。減配頻発のため投資を検討する際は要注意	あり	－
ショーボンド ホールディングス （1414.P）	橋梁、道路などインフラ補修工事の専業企業。有利子負債0円。14年連続増配中	なし	○

6 金属製品 ～長期保有するなら1択！～

　金属製品は建設・資材セクターに分類されます。

　この業種では、住宅設備首位のLIXIL、シリコンウエハー世界2位のSUMCO、ガス器具首位のリンナイがメインプレーヤーです。

■ LIXIL

　業界トップLIXILは、実質累進配当銘柄ではあるものの、売上高営業利益率が低く業績にブレがあり、有利子負債も多く、**安心して長期保有できるかどうかは微妙なところ。**

■ SUMCO

　SUMCOは、シリコンウエハーと呼ばれる半導体基板材料世界2位で、半導体需要が旺盛なことから勢いに乗っています。

　ですが、業績にムラがあり、それに連動して配当の減配も多々発生し

ているので、**配当投資の対象としては適していないといえるでしょう。**

 リンナイ

　リンナイは給湯、厨房等のガス器具首位で、海外にも積極的に展開しています。

　売上高営業利益率は、製造業としては合格ラインの10％程度を安定的に維持しており、業績も堅調です。

　有利子負債は0円で、20年連続増配中と非常に魅力的な投資先ですが、魅力的であるがゆえに株価はなかなか下がりません。

　ですので、相場全体が崩れた時にチェックし、配当利回りに納得できるようであれば投資するのがいいと思います。**長期間保有していれば、相応のリターンをもたらしてくれるでしょう。**

　ここ数年の配当利回りの推移は1％弱〜1.5％強程度となっているので、**1.5％を大きく上回るような状況となればチャンスと考えます。**

会社名	特徴	株主優待	暴落時に買いたいか
LIXIL （5938.P）	住宅設備首位。配当性向30％以上を維持。実質累進配当	なし	ー
SUMCO （3436.P）	シリコンウエハー世界2位。業績に連動して減配あり	なし	ー
リンナイ （5947.P）	ガス器具首位。有利子負債0円。20年連続増配中	なし	△

　ガラス・土石製品は建設・資材セクターに分類されます。

　主要企業としては、ガラス世界首位級で様々な製品で世界トップシェアを誇っているAGC、衛生陶器や温水便座で圧倒的首位のTOTO、ガイシ世界一の日本ガイシ、スパークプラグ世界一の日本特殊陶業、などが挙げられます。

■ AGC、TOTO

　AGC、TOTO は業績に波があり、配当も業績に連動させているため、業績が悪化すると減配も起こり得ます。

　減配を好ましくないと考える配当投資の観点から考えると、もし投資先とするのであれば慎重に検討してください。

　日本ガイシや日本特殊陶業は、売上高営業利益率 10％以上を安定的に確保しており、儲かるビジネスを展開しています。

　ですが、配当政策が業績連動で、実際に減配もされているので、**長期配当投資という観点からは、現在のところ積極的に投資していきたい銘柄ではありません。**

会社名	特徴	株主優待	暴落時に買いたいか
AGC （5201.P）	ガラス世界首位級。世界トップシェア製品多数。配当性向 40％	なし	－
TOTO （5332.P）	衛生陶器、温水便座で圧倒的首位。配当性向 40％。業績に応じて減配もあり	あり	－
日本ガイシ （5333.P）	ガイシ世界首位。配当性向 30％。業績に応じて減配もあり	なし	－
日本特殊陶業 （5334.P）	スパークプラグ世界首位。利益率高い。配当性向 40％。業績に応じて減配もあり	なし	－

⑧ 繊維製品 ～暴落時のねらい目はズバリ…～

　繊維製品は、素材・化学セクターに分類されます。

■ 東レ

　東レは炭素繊維世界一で、国内唯一の総合繊維メーカー。時価総額もこの業種では他社を圧倒しています。

　ですが、配当は業績に連動するため、コロナ禍で業績が悪化した際には減配されており、**配当投資の投資先としては二の足を踏むところでし**

ょう。

■ ゴールドウイン

　ゴールドウインは、アウトドアブランド「ザ・ノース・フェイス」の日本における商標権を取得しており、近年の山歩きブームで急速に業績を拡大中。

　売上高営業利益率は10%を超えており、高い利益率を誇っています。実質累進配当となっていて魅力的な銘柄ではありますが、人気があることから株価は割高な水準で推移し、配当利回りは低い状態が続いています。

　注意点として、ブームに乗って急成長した業績が今後も伸び続けるという保証はなく、**投資先として選択するかは判断の分かれるところでしょう。**

■ 帝人

　帝人は合成繊維の大手企業で、炭素繊維は世界首位級です。

　配当性向は30%を目安としていますが、業績連動のため減配されることもあり、**現状だと投資対象とするのは難しいでしょう。**

■ ニッケ（日本毛織株式会社）

　ニッケは羊毛紡織企業ですが、収益の柱は商業施設賃貸という一風変わった会社です。

　会社規模はそれほど大きくありませんが、保有不動産が収益の柱となっているため、業績は極めて安定しています。

　配当性向30%、DOE（株主資本配当率。Dividend（配当）On Equity（株主資本）ratio（率）の略で、株主資本の内どの程度の割合を配当するかという指標）2%としていますが、45年以上減配がない累進配当銘柄で、近年は増配傾向にあります。

　安定的な配当が高い確率で見込める点から、**もしも暴落時に株価が下落し、配当利回りが3%台半ば程度まで上昇すれば、魅力的な投資先の一つになるでしょう。**

会社名	特徴	株主優待	暴落時に買いたいか
東レ (3402.P)	炭素繊維世界首位。配当は業績に連動し減配もあり	なし	－
ゴールドウイン (8111.P)	「ザ・ノース・フェイス」の日本における商標権を保有。配当性向30%以上	あり	－
帝人 (3401.P)	炭素繊維世界首位級。配当性向30%。配当は業績に連動し減配もあり	なし	－
ニッケ (3201.P)	羊毛紡織企業。配当性向30%。累進配当銘柄で45年以上減配なし	あり	△

9　パルプ・紙　～積極的に投資する理由はないけれど～

　パルプ・紙は素材・化学セクターに分類されます。

　業界的に売上高営業利益率が低く、全体的に有利子負債も多く、いわゆる儲かる業種ではありません。

　そのため、特段の理由がない限り、あえて投資対象とする必要はないでしょう。

■ 王子ホールディングス

　王子ホールディングスが国内首位、世界4位で、同業他社を圧倒しています。

　IRでは業績により減配される可能性に含みを持たせつつも、実質累進配当銘柄です。

　もしも投資を検討するのであれば、**株価が暴落して配当利回りが3%台後半に突入したあたりから考えるのが、安全域を確保するという視点からも無難でしょう。**

■ 日本製紙

　日本製紙は国内2位の製紙メーカー。配当は安定を基本方針としつつ、業績が苦しく減配となる事態もしばしば発生しています。

　株主優待を実施しているので、優待目的で投資を検討している個人投

資家もいるかもしれません。

ですが、配当投資という観点から考えると、**このように業績が安定していない銘柄には近づかない方がいいでしょう。**

■ レンゴー

レンゴーは国内 3 位、大王製紙は国内 4 位です。

業界首位の王子ホールディングスと比較すると、企業規模や利益率でかなり見劣りすることから、**あえて選択する理由はないといえます。**

会社名	特徴	株主優待	暴落時に買いたいか
王子 ホールディングス （3861.P）	製紙国内首位、世界 4 位。安定配当志向で実質累進配当	あり	―
日本製紙 （3863.P）	製紙 2 位。印刷用紙生産で首位。配当は業績により減配もあり	あり	―
レンゴー （3941.P）	製紙 3 位。段ボール首位。海外展開を加速。実質累進配当	なし	―
大王製紙 （3880.P）	製紙 4 位。トイレ紙・ティッシュ首位。ブランドに「エリエール」。配当は業績により減配もあり	あり	―

⑩ 化学 ～優良企業が多く
楽しみながら投資先を物色できる業界～

化学は素材・化学セクターに分類されます。

この業界は業績が安定して財務基盤が固い銘柄が多く、投資先を物色する楽しみがあります。

■ 信越化学工業

素材・化学セクターで時価総額トップに君臨しているのが信越化学工業。塩化ビニル樹脂、シリコンウエハー世界首位で、売上高営業利益率は 30％前後を誇る超高収益企業です。

財務基盤も鉄壁で、自己資本比率は 80％以上を維持しています。

配当は実質累進配当となっており、株価暴落時に突発的に安くなるようなことがあれば、ぜひとも投資したい企業の一つ。

　配当利回りは2%に満たないことも多いのですが、最近の増配と株価下落で3%台となることもありました。

　このように**配当利回り3%を上回っていれば、投資を検討してもいいでしょう。**

■ 富士フイルムホールディングス

　富士フイルムホールディングスは、医用画像情報システム・偏光板保護フィルムで世界首位。カラー複合機でアジア首位です。

　かつての写真フィルムから、医療への構造転換を成功させた企業として有名です。

　配当性向30%としながらも実質累進配当となっており、**配当利回り次第では投資対象として一考に値すると考えます。**

■ 花王

　花王はトイレタリー首位で33年連続増配中です。

　連続増配年数は日本一で、今後も連続増配を続けていくでしょう。

　私の永久保有銘柄の一つであり、株価が安くなれば、ぜひ買い増ししたい銘柄の一つです。

　ここ数年の配当利回りのレンジは1.5～3%程度ですので、**配当利回りが3%を超えることがあれば、買い場と判断してよさそうです。**

■ ユニ・チャーム

　ユニ・チャームは紙おむつ、生理用品における国内トップメーカーです。また、ペットケア用品でも有力企業。

　21年間も続いている連続増配銘柄で、株価が安くなった時には投資を検討してもいいでしょう。

　ただ、配当利回りは1%を切る水準が続いており、投資機会になかなか恵まれないことが容易に想像できる銘柄だといえます。

■ 資生堂

資生堂は化粧品首位です。

化粧品業界は一般的に、原価が安く利益を上げやすい業種と考えられます。

ただし、資生堂の売上高営業利益率は10%に満たず、また、業績の振れ幅も大きく、配当を減配することも。

なので、**配当投資という観点からは、投資対象から外しておいた方が無難でしょう。**

化粧品業界では、美容室向けヘア化粧品首位のミルボン（4919.P）や、小型株ながらも売上高営業利益率が安定的に20%を超えているコタ（4923.P）など、有利子負債が0円で高い利益率を誇っている銘柄も存在しています。

株価次第では検討の価値がありますので、暴落時には意識的にチェックしてみるのもおもしろいかもしれません。

■ 旭化成

旭化成は多様な事業展開をおこなう総合化学企業です。

売上高営業利益率は10%に満たず、EPSにもブレがありますが、実質累進配当となっていることから、**株価が突発的に暴落して配当利回りが高くなった時には検討してみてもいいでしょう。**

■ 日東電工

日東電工は、精密回路付き薄膜金属ベース基板、熱はく離シート、ディスプレー用偏光フィルム等、特定のニッチ市場で世界シェアトップの企業です。

成長が期待されるマーケットで先行者のいないニッチ分野を見つけ、固有の技術を活かした製品でトップシェアを狙う「グローバルニッチトップ」戦略をとっています。

売上高営業利益率は10%を上回り、自己資本比率は75%前後を維持し、財務基盤は盤石です。

また、実質累進配当となっていることからも、株価が暴落した時には

投資したい企業の一つといえます。

ここ数年の配当利回りは 2 〜 4％程度と振れ幅が大きくなっていますが、**3％を大きく上回るような状況が発生すれば、投資機会として検討に値するでしょう。**

会社名	特徴	株主優待	暴落時に買いたいか
信越化学工業 （4063.P）	塩化ビニル樹脂、シリコンウエハー世界首位。財務鉄壁。実質累進配当	なし	○
富士フイルムホールディングス （4901.T）	医用画像情報システム、偏光板保護フィルム世界首位。配当性向30％。実質累進配当	あり	−
花王 （4452.P）	トイレタリー首位。33年連続増配で連続増配日本一	なし	◎
ユニ・チャーム （8113.P）	紙おむつ、生理用品首位。ペットケア用品首位級。21年連続増配中の連続増配銘柄	なし	△
資生堂 （4911.P）	化粧品首位。業績のブレが大きく不安定。配当は業績連動で減配もあり	あり	−
旭化成 （3407.P）	多様な事業展開をおこなう総合化学企業。配当性向30 〜 40％。実質累進配当	なし	−
日東電工 （6988.P）	熱はく離シート、ディスプレー用偏光フィルム世界トップシェア。財務鉄壁。実質累進配当	なし	○

11 医薬品 〜減配なし銘柄の買い時とは？〜

医薬品は単一業種で医薬品セクターになります。

■ 武田薬品工業

武田薬品工業は国内首位の製薬会社。かつては鉄壁の財務基盤に多くのブロックバスター（年間1,000億円以上を売り上げる超大型の医薬品）を保有する日本屈指の優良企業で、私も実際に投資していました。

ですがその後、兆円単位の企業買収を繰り返して規模こそ拡大したものの、財務基盤は大幅に悪化。

配当は維持しているものの、タコ配当（利益の範囲内では配当できず、剰余金から取り崩して配当すること）となっている年度も多く、安定感を欠いています。

実質累進配当とはなっていますが、当面、増配は期待できず、現在のところ**投資先としては微妙という認識で、私も現在は投資を控えています。**

■ アステラス製薬

アステラス製薬は国内2位の製薬会社で、海外売上高比率80％を誇るグローバル企業です。

上場してから今日に至るまで、減配したことがありません。

また、定期的な自社株買いと消却をおこなっており、株主還元に非常に積極的な企業といえるでしょう。

自社株買いのメリットをお伝えすると、これによって1株利益は上昇します。

また、自己株式を消却することにより、自社株買いで取得した株式が再び市場で売り出される可能性を払拭してくれるため、投資家にとって安心材料となるのです。

株主還元は、第一に配当、余力があれば自社株買いというのが一般的です。

以上のことから、定期的に自社株買いを実施できているアステラス製薬は、業績も安定している企業といっても問題ないでしょう。

配当利回りが突発的に3％を超えることがあり、その時が買い場の目安と考えます。

■ 第一三共

第一三共は国内3位の製薬会社です。

パイプラインと呼ばれる新薬候補が豊富で、将来の成長期待も高く、時価総額では業界トップとなっています。

株主還元政策は、累進配当に加え、機動的な自己株式取得をおこなうとしています。

2025年度目標としてDOE（株主資本配当率）8％以上を掲げてお

り、株主還元に積極的な姿勢を示している企業です。

　ただし、優良企業ではありますが、投資家目線では、既に株価が上がりすぎていて、投資するには割高すぎると認識しています。

　高い期待が株価に織り込まれ、高いPERに1%を切る低い配当利回りとなっており、**現在の株価水準が続くのであれば、配当投資という観点からは近づかない方が無難でしょう。**

■ 中外製薬

　中外製薬はスイスの世界的製薬会社であるロシュの子会社で、国内4位の製薬会社。

　売上高営業利益率は安定的に30%を超えており、また、自己資本比率は70%台後半と財務基盤も鉄壁です。

　特別配当を除いた普通配当は、実質累進配当となっています。

　暴落時に株価が安くなり、配当利回りが上昇するようなことがあれば、ぜひ投資したい銘柄の一つでしょう。

　ここ数年、配当利回りは1〜2%で推移しており、**配当利回りが2%を大きく超えてきた時には、投資を検討するに値します。**

■ 大塚ホールディングス

　大塚ホールディングスは、国内5位の製薬会社。

　事業領域は医薬品にとどまらず、カロリーメイトやポカリスエット等の食品・飲料事業において多数のブランドを抱えるトータルヘルスケア企業です。

　自己資本比率は70%を超えており、財務基盤も堅牢で業績も安定しています。

　ただ、配当は実質累進配当となっているものの、ここ数年は1株当たり100円配当が続いています。

　株価が大きく下げた時に投資して、配当利回りが高まった状態で保有しておきたい銘柄です。

　ここ数年の配当利回りは2〜2.5%程度で推移していますので、この**2.5%を超えてきた時に投資を検討してみましょう。**

■ エーザイ

　エーザイは国内6位の製薬会社。マーケットの期待値が高く、PER
は高い水準で推移しています。

　実質累進配当となっていますが、ここ10年間で増配は1回のみ。増
配率は7%弱でした。

　株価は割高な水準で推移していることから、**配当投資家としては手を
出しにくい銘柄です。**

会社名	特徴	株主優待	暴落時に買いたいか
武田薬品工業 (4502.P)	国内首位。実質累進配当で減配はないが、増配もない安定配当180円を継続中	なし	－
アステラス製薬 (4503.P)	国内2位。自社株買いも積極的に実施する実質累進配当	なし	◎
第一三共 (4568.P)	国内3位。2025年度目標でDOE（株主資本配当率）8%以上。累進配当銘柄	なし	－
中外製薬 (4519.P)	国内4位。スイスの大手製薬会社ロシュの子会社。実質累進配当	なし	○
大塚 ホールディングス (4578.P)	国内5位。実質累進配当で減配はないが、増配もなく100円の安定配当が継続中	あり	◎
エーザイ (4523.P)	国内6位。実質累進配当で減配はない。増配はこの10年で1回のみ。かつ増配率は低い	なし	－

12　ゴム製品 ～業界1強で、投資先は1択～

　ゴム製品は自動車・輸送機セクターです。

　この業種はブリヂストンの1強で、時価総額は2位以下に10倍近く
の差をつけています。

　世界的にも「ブリヂストン」、フランスの「ミシュラン」、米国の「グ
ッドイヤー」の3社でビッグスリーと呼ばれており、タイヤ業界の盟
主といえるでしょう。

■ ブリヂストン

　ブリヂストンはコロナショック時に減配はしたものの、その翌年度には過去最高額の配当額とするなど、株主還元にも積極的です。

　コロナ時を除けば、3〜4％程度の配当利回りとなっています。

　配当利回りが4％に近づくにつれて投資妙味が増しているという見解で問題はありません。

　ゴム業界では他に住友ゴム工業、横浜ゴム、TOYO TIRE が業界のメインプレーヤーとなっていますが、ブリヂストンの存在感が圧倒的。

　そのため、株価が大幅にディスカウントされているなど特段の理由がなければ、この業種での投資先としては、**ブリヂストン1択で問題はないと考えます。**

会社名	特徴	株主優待	暴落時に買いたいか
ブリヂストン (5108.P)	タイヤ世界首位級。配当性向40％。コロナショック時に減配あり	なし	◎
住友ゴム工業 (5110.P)	タイヤ国内2位。コロナショック時に減配あり	なし	−
横浜ゴム (5101.P)	タイヤ国内3位。安定配当を基本方針。実質累進配当	なし	−
TOYO TIRE (5105.P)	タイヤ国内4位。配当性向30％以上	なし	−

⑬ 輸送用機器 〜儲かりづらいセクターの投資タイミング〜

　輸送用機器は自動車・輸送機セクターです。

■ トヨタ自動車

　トヨタ自動車は自動車世界首位で、時価総額日本一の超巨大企業です。

　電気自動車（EV）へのシフトが進む中でも、着実に利益を積み重ね

る力強さを感じさせます。

　ただし、業界の競争も激しく、売上高営業利益率が10％に満たない年度が多いことからも、基本的には儲かるとは言い難いセクターです。

　配当は実質累進配当となっていることから、**株価下落により配当利回りが3～3.5％程度となる機会があるようならば、投資を検討していいかもしれません。**

■ ホンダ（本田技研工業）

　ホンダは二輪車世界首位、海外売上高比率80％を超えるグローバル企業です。

　連結配当性向30％で、コロナショックの際には減配しているものの、減配額はごくわずかで、その後は増配に転じていることからも、長期的には増配傾向にあると判断できます。

　株価が下落して配当利回りが4％近くまで上昇するようであれば、投資を検討するに値すると考えます。

■ 日産自動車

　日産自動車は、仏ルノーと提携関係にある大手自動車メーカーです。

　かつては高配当銘柄として個人投資家に人気でしたが、経営の混乱で配当が無配となった時期も。

　その後は復配したものの、かつての配当額には程遠い状況です。

　同じ業種内に、トヨタ自動車やホンダという投資先が存在する中で、あえて日産自動車へ投資する理由はないでしょう。

■ スズキ

　スズキは軽自動車で国内2強の一角で、人口増加の著しいインド市場において乗用車のシェアトップです。

　配当性向30％を目標としていますが、実質累進配当となっており、**株価下落局面で配当利回りに納得できれば投資を検討してみるのも、おもしろいかもしれません。**

■ シマノ

シマノは自転車部品で世界首位のメーカー。

営業利益率は20%以上を誇り、高いROEに高い自己資本比率と、経営状態は極めて健全です。

普通配当は実質累進配当となっており、配当利回りに納得できればぜひ投資をしたい銘柄だといえます。

問題があるとすれば、優良銘柄であるがゆえに株価が安くならず、投資機会が限られてしまうこと。

どんな優良銘柄であっても、株価が高い水準で投資していては、リターンは望めません。

相場全体が暴落している時に、「チャンスはいつ来るか、それとも来ないか」と辛抱強く待ち、注視していたい銘柄です。

なお、配当利回りは記念配当等の特殊要因を除けば1%を下回って推移しており、**投資のチャンスは大暴落時に限られそうです。**

会社名	特徴	株主優待	暴落時に買いたいか
トヨタ自動車 （7203.P）	自動車世界首位。配当性向30%。実質累進配当	なし	△
ホンダ （7267.P）	二輪車世界首位、配当性向30%。コロナショック時に減配あり	あり	△
日産自動車 （7201.P）	自動車大手。過去に大幅な減配や無配もあり	あり	ー
スズキ （7269.P）	軽自動車国内2強。配当性向30%。実質累進配当	なし	ー
シマノ （7309.P）	自転車部品世界首位。実質累進配当	なし	△

⑭ 鉄鋼 〜投資先として選ぶ理由はない〜

鉄鋼は鉄鋼・非鉄セクターです。

■ 日本製鉄

　日本製鉄は、粗鋼生産量で国内首位、世界4位の鉄鋼メーカーです。

　連結配当性向30%を目安としていますが、業績の振れ幅が大きく、半期無配もしばしば発生しています。

　景気敏感株のため、業績が景気に左右されるのはやむを得ないところですが、配当投資という観点からは投資先として選択しづらい銘柄といえるでしょう。

■ JFE ホールディングス

　JFE ホールディングスは、粗鋼生産量で国内2位の鉄鋼メーカー。

　日本製鉄同様、業績の振れ幅が大きく安定配当は望めません。実際、半期無配も起こっています。

　トップ企業の日本製鉄ですら投資先として選択しづらい状況なので、投資対象とするには難しいという認識です。

■ 神戸製鋼所

　神戸製鋼所は国内大手の鉄鋼メーカーです。

　高炉と呼ばれる、鉄鉱石を熱処理して鉄を取り出すための炉を有する国内企業は、日本製鉄、JFE ホールディングス、神戸製鋼所の3社のみ。

　神戸製鋼所も上位2社と同様に、業績は景気に左右され、配当も不安定で通期無配ということもありました。

　投資対象とするには難しいと言わざるを得ません。

会社名	特徴	株主優待	暴落時に買いたいか
日本製鉄 （5401.P）	粗鋼生産量で国内首位、世界4位。配当性向30%。減配あり	あり （抽選）	－
JFE ホールディングス （5411.P）	粗鋼生産量で国内2位。配当性向30%。減配あり	あり （抽選）	－
神戸製鋼所 （5406.P）	鉄鋼大手。高炉国内3位。配当は不安定で減配、無配あり	なし	－

非鉄金属は、鉄鋼・非鉄セクターです。

■ 住友金属鉱山

住友金属鉱山は、1590年に開業した住友グループの源流企業で、総合非鉄金属メーカーです。

資源価格の影響を受けるため業績は安定せず、配当も業績連動のため、減配されることもしばしばあります。

資源分野では、総合商社が圧倒的な収益力を誇りつつも安定配当をおこなっているので、あえて住友金属鉱山を選択肢に入れるには相応の理由が必要でしょう。

■ 住友電気工業

住友電気工業は、電線国内首位。ワイヤハーネス世界首位級の非鉄金属メーカーです。

住友グループの中核企業で、住友商事、NECとともに「住友新御三家」と呼ばれています。

配当は業績に連動するため減配もあり、投資を検討する際には注意が必要です。

■ 三菱マテリアル

三菱マテリアルは、三菱グループの大手非鉄金属メーカーです。

中期経営戦略では配当の下限を80円としていましたが、コロナショックの際、50円に減配している点は覚えておいた方がいいでしょう。

その一方で、金やプラチナを売買する際に手数料を割引してくれる株主優待は、**1株保有でも権利を得ることができるため、1株だけ投資してみるのは悪くないと思います。**

会社名	特徴	株主優待	暴落時に買いたいか
住友金属鉱山 (P.5713)	住友グループの源流。1590年開業。配当性向35%以上。減配あり	なし	－
住友電気工業 (P.5802)	電線国内首位。ワイヤハーネス世界首位級。減配あり	なし	－
三菱マテリアル (P.5711)	非鉄国内総合首位。配当下限を設けるもコロナショック時に減配	あり	－

⑯ 機械 ～建設機械世界2強の一角の買い時とは？～

機械は、単一業種で機械セクターを構成します。

■ ダイキン工業

ダイキン工業は、エアコン世界首位級で、業務用も国内で圧倒的首位となっています。

配当政策は「連結純資産配当率（DOE）3.0%を維持するよう努める」とあります。

一般的に株主還元としては配当性向を採用する企業が多いのですが、厳密に適用すると、利益水準は景気に左右されやすく安定配当が難しくなることから、相対的に安定しやすいDOEを採用する企業も増えてきています。

ダイキン工業は競争力を有したグローバル企業で、実質累進配当となっており、安くなれば投資を検討したい銘柄の一つ。

なお、ここ数年の配当利回りは、1%弱～1.5%弱で推移しており、**突発的に配当利回りが1.5%を超えてくれば、投資を検討できる水準にあると考えます。**

■ SMC

SMCは、FA（Factory Automation：工場自動化）空圧制御機器で世界首位、国内シェア6割のメーカーです。

営業利益率が高く、財務基盤は鉄壁の超優良企業。

ただ、値がさ株（1単元当たりの株価の水準が高い銘柄）なので、単元での投資は数百万円を要するため、1株ずつ投資をしていくのが現実的でしょう。

実質累進配当で、株価が何らかのイベントで大きく下げた際には投資を検討したい銘柄です。

ここ数年の配当利回りは、1%弱〜1.5%弱で推移しています。

株価暴落で配当利回りが1.5%を超えてきた時が、投資機会であると考えられます。

■ **コマツ**

コマツは建設機械世界2位で、この業界では米国のキャタピラーとの世界2強と呼ばれています。

配当方針は連結配当性向40%以上となっていますが、景気敏感株のため、景気後退局面では株価が暴落することもしばしば起こります。

そのような局面では減配を伴いますが、歴史を振り返れば、「株価が暴落して減配となった時こそ、買い場だった」というケースが多くありました。

その意味では、**減配した時に買えばいいので比較的動きが分かりやすい銘柄といえます。** 暴落時にはぜひ買い増ししたい銘柄です。

■ **クボタ**

クボタは農業機械世界3位で、稲作が主体のアジアではトップシェアとなっています。

株主還元の中期目標では、「総還元性向40%以上を目標とし、50%をめざす。取得した自己株式については、即消却を継続する」としていて、株主還元に非常に積極的な企業といえるでしょう。

実質累進配当となっており、株価が下落時には配当利回りをにらみながら買い増ししていきたい銘柄です。

配当利回りの推移は1.5〜2%強となっており、**2%を大きく上回った水準から投資機会になるでしょう。**

■ 三菱重工業

　三菱重工業は総合重機国内首位のメーカーです。

　三菱グループ御三家の一角（他の御三家である2社は、三菱商事、三菱UFJ FG）で、株主還元方針では連結配当性向30%としています。

　ですが、業績は安定しておらず、配当も減配されることがある点は、頭に入れておく必要があるでしょう。

　私自身、三菱重工業には、そのネームバリューから投資していた時期もありました。

　しかし、**三菱グループの中では圧倒的な発言力を有していても、それが業績に影響を与えないこと、まして個人投資家にリターンをもたらしてくれるかどうかとは、何ら関係がないことを教えてくれた銘柄です。**

会社名	特徴	株主優待	暴落時に買いたいか
ダイキン工業 （6367.P）	エアコン世界首位級。DOE 3.0%目標。実質累進配当	なし	△
SMC （6273.P）	FA空圧制御機器世界首位。財務鉄壁。実質累進配当	なし	△
コマツ （6301.P）	建設機械世界2位。配当性向40%。減配あり	あり	◎
クボタ （6326.P）	農業機械世界3位。総還元性向40%以上。実質累進配当	なし	◎
三菱重工業 （7011.P）	総合重機国内首位。連結配当性向30%。減配あり	なし	−

⑰ 電気機器　〜驚異の利益でも、
**　　　　　　　配当投資には向かない〜**

　電気機器は、電機・精密セクターです。

■ キーエンス

　キーエンスはFAセンサー等の検出・計測制御機器大手メーカーで

す。

　売上高営業利益率は驚異の50％超えで、その収益力は尋常ではありません。自己資本利益率も90％を超えており、有利子負債も0円で財務基盤も鉄壁。

　ただし、配当性向は低く、利益は事業の成長へ振り向けています。

　現在のところ、株価は右肩上がりで功を奏していると考えられますが、配当利回りは極めて低く、配当を目的とした投資には向かない銘柄です。

■ ソニーグループ

　ソニーグループは、ソニーの持ち株会社です。

　映画（ソニー・ピクチャーズ）、音楽（ソニー・ミュージック）、ゲーム（プレイステーション）など多方面にわたって事業を展開しています。

　長い間業績が低迷していて、2015年3月期には無配に転落。その後、業績は回復したものの、配当性向や配当利回りが低いことからも、投資対象とするには二の足を踏んでしまう銘柄です。

■ 日立製作所

　日立製作所は、総合電機・重電機器国内首位で、世界有数の総合電機メーカーです。

　一般消費者には家電分野で馴染み深い企業だと思いますが、鉄道車両から原子炉開発まで、事業分野は多岐にわたっています。

　日本の製造業に特有といえる営業利益率の低さはあるものの、実質累進配当となっているので、**株価が暴落して配当利回りが高くなっている時に投資を検討してみるのも悪くないでしょう。**

■ 東京エレクトロン

　東京エレクトロンは、世界3位の半導体製造装置メーカー。世界的に旺盛な半導体需要の影響により、ここ10年で急速に業績を拡大させています。営業利益率が高く、競争力を有していることがうかがい知れます。

また、財務基盤は堅牢で自己資本比率も高く、極めて健全な経営がなされています。

　配当政策は配当性向50%で、配当下限は150円。業績連動型の配当で、減配もあることに留意が必要でしょう。

■ ニデック（旧日本電産）

　ニデック（旧日本電産）は、HDD用精密小型モーターで世界首位の電気メーカーです。

　M&Aを活用して業績を急拡大させてきましたが、創業者で社長の永守重信氏の後継者選びの問題によって近年の経営は混乱しており、経済誌でもたびたび取り上げられています。

　配当は実質累進配当となっており、経営が混乱している中でも現在の業績が維持できていることを考えると、**株価が暴落して配当利回りに納得できれば、むしろおもしろい投資先となるかもしれません。**

■ 村田製作所

　村田製作所は、セラミックコンデンサーで世界首位の電子部品メーカーです。

　営業利益率が高く、自己資本比率も80%を超えており、財務基盤は堅牢といえます。

　実質累進配当となっており、「配当利回りを確認しながら、納得できる水準で投資する」という戦術をとるのも悪くはないでしょう。

　ここ数年の配当利回りの推移は、1.5%弱〜2%程度となっています。**配当利回りが2%を超えるような水準となれば、投資を検討してもよいかもしれません。**

　電気機器はかつての日本のお家芸だったので、他にも知名度の高い企業が多く存在しています。

　簡単に列記しておきますので、興味があればご自身で調べてみるとあらたな気づきがあるかもしれません。

●キヤノン：カメラ・複合機で国内首位。一眼レフカメラ世界首位
●ファナック：NC装置（数値制御が備わっている工作機械）世界首位

●富士通：サーバー、IT システム国内首位。スーパーコンピュータ
　　　　「富岳」の主要ベンダー
●パナソニック HD：総合家電国内首位
●レーザーテック：先端半導体向けマスク欠陥検査装置で圧倒的世界首
　　　　　　　　位
●シスメックス：血液成分測定装置で世界首位

会社名	特徴	株主優待	暴落時に買いたいか
キーエンス (6861.P)	計測制御機器大手。財務鉄壁。実質累進 配当も配当性向低い	なし	△
ソニーグループ (6758.P)	AV 機器世界大手。音楽・ゲームでも世界 有数。配当性向低く減配あり	あり	－
日立製作所 (6501.P)	総合電機・重電首位。インフラ系重視。 実質累進配当	なし	－
東京エレクトロン (8035.P)	半導体製造装置世界3位。配当性向50％。 配当下限150円。減配あり	なし	－
ニデック (6594.P)	HDD 用精密小型モーター世界首位。実質 累進配当	あり	－
村田製作所 (6981.P)	セラミックコンデンサー世界首位。財務 鉄壁。実質累進配当	なし	△

18 精密機器 ～投資先としては難しいか？～

精密機器は電機・精密セクターです。

■ HOYA

HOYA は、光学機器・ガラスメーカー。半導体製造用マスクブラン
クスや、HDD 用ガラス基板が世界首位です。

高い利益率を誇り、自己資本比率も 80％前後で推移。財務基盤も堅
牢です。実質累進配当となっていますので、配当利回り次第では投資を
検討したいところ。

ただし、旺盛な半導体需要のため株価が高値圏で推移しており、配当

利回りは1%を切るような低い状態が続いていることから、**投資機会は
なかなか訪れないものと思われます。**

■ オリンパス

オリンパスは、光学機器・電子機器メーカーで内視鏡世界首位です。

高い利益率を誇りますが、業績の振れ幅が比較的に大きく、過去に無
配となったこともあります。

安定配当を得るための投資先としては難しいといえるでしょう。

■ テルモ

テルモは、カテーテルなど心臓血管分野に強みを持つ医療機器メーカ
ーです。

医療機器メーカーとしてはオリンパスと双璧といわれており、グロー
バルに事業を展開しています。

利益配分に関する基本方針として、中長期的に配当性向30%を目指
すとあり、実質累進配当となっています。

株価が安くなれば投資したい銘柄の一つですが、ここ数年の配当利回
りは1%を切っていて、**投資機会はなかなか訪れないでしょう。**

会社名	特徴	株主優待	暴落時に買いたいか
HOYA （7741.P）	半導体製造用マスクブランクス世界首位。実質累進配当	なし	△
オリンパス （7733.P）	内視鏡世界首位。配当性向低い。過去に通期で無配あり	なし	―
テルモ （4543.P）	医療機器大手。配当性向30%。実質累進配当	あり	△

19 **その他製品 〜誰もが知る世界的企業の
投資時期は？〜**

その他製品は、情報通信・サービスその他セクターです。

■ 任天堂

　任天堂は世界的なゲーム機ハード・ソフトメーカーで、誰もが知っている企業でしょう。

　高い利益率を誇りますが、業績はゲームがヒットするかどうかにかかってくるため、安定しているとは言い難い業種です。

　利益配分に関する基本方針では、「連結営業利益の33％を配当金総額の基準とし、期末時点で保有する自己株式数を差し引いた発行済株式数で除した金額の1円未満を切り上げた金額か、もしくは連結配当性向50％を基準として1円未満を切り上げた金額の、いずれか高い方を、1株当たり年間配当金として決定します」とあり、配当は業績連動で減配もあります。

　とはいえ、日本屈指のグローバル優良企業であることに疑いの余地はなく、**株価が下がれば投資を検討していきたい銘柄です。**

　なお、配当のレンジは1％を切る水準から3％台半ばとかなり広くなっています。

　余談ですが、任天堂の社名の由来は「運を天に任せる」で、やるべきことを全力でやり遂げた上で運を天に任せるという意味が込められているそうです。

■ バンダイナムコホールディングス

　バンダイナムコホールディングスは、業界首位級の玩具をはじめとして、ゲーム、娯楽施設、映像ソフト等のビジネスを展開する、総合エンターテインメント企業です。

　利益率、自己資本比率が高く、ビジネスは好調ですが、業種の特性として好不調がありますので、安定しているとはいえません。

　株主還元政策として、「安定的な配当額としてDOE（純資産配当率）2％をベースに、総還元性向50％以上を目標に株主還元を実施することを基本方針としています」となっていますが、利益水準に応じてシビアに減配してくるので留意が必要です。

■ ヤマハ

　ヤマハは、電子ピアノ世界首位の総合楽器メーカー。

　営業利益率は 10％前後で推移していて、製造業としては比較的に高い利益率です。

　自己資本比率も 70％前後を維持し、高い財務健全性を有しています。

　配当政策は総還元性向 50％で、ここ 10 年程度は実質累進配当となっています。

会社名	特徴	株主優待	暴落時に買いたいか
任天堂 （7974.P）	世界的ゲーム機・ソフトメーカー。業績連動型配当。減配あり	なし	△
バンダイナムコホールディングス （7832.P）	玩具首位級。総還元性向 50％以上。減配あり	あり	－
ヤマハ （7951.P）	電子ピアノ世界首位。総還元性向 50％。実質累進配当	あり	－

20　情報・通信業 ～安心して投資できる
　　　　　　　　　　日本一の通信企業とは？～

　情報・通信業は、情報通信・サービスその他セクターです。

■ NTT

　NTT は国内首位の総合通信企業です。通信という社会インフラを担っているだけに、業績は極めて安定。

　また、会社が発表する業績予想や中期計画の目標も、高い確度で達成しています。

　株主還元にも積極的で、12 年連続で自社株買いを実施し、11 年連続増配中です。株価が下がり、納得できる配当利回りとなれば、安心して投資できる銘柄の一つでしょう。

　配当利回りは 3 ～ 4％程度で推移していて、**3.5％程度を超える水準**

で投資したいところです。

■ KDDI

　KDDI は国内 2 位の総合通信企業です。NTT と同様に業績は極めて安定しています。

　配当方針には「配当性向 40％超と利益成長に伴う EPS 成長の相乗効果により、今後も、持続的な増配を目指します」とあり、現在は 20 年連続増配中で、今後の増配も期待できるでしょう。

　株価が下落した時にはぜひ投資したい銘柄です。配当利回りは NTT 同様、3 〜 4％程度の推移で、**3.5％程度の配当利回りは確保しつつ、投資したいところでしょう。**

■ ソフトバンクグループ

　ソフトバンクグループは、携帯電話で国内 3 強の一角であるソフトバンクの持ち株会社です。

　近年は投資事業会社という側面が強くなってきています。

　配当は実質累進配当となっていますが、その業績はマーケット環境に大きく左右され、事業年度によって莫大な利益を上げることもあれば、巨大な損失を計上することもあり、かなり不安定。

　配当性向、配当利回りが低く、安心して保有するのは難しい銘柄と考えます。

■ ソフトバンク

　ソフトバンクは、ソフトバンクグループの中核企業で、携帯業界 3 位の通信会社です。

　株主還元として総還元性向 85％を掲げ、実質累進配当となっています。

　配当利回りは同業他社と比較して高くなっていますが、配当性向がかなり高くなっているため、今後の増配は業績をどれだけ伸ばしていけるかにかかっているでしょう。

　NTT や KDDI と比べると自己資本比率がかなり低く、財務基盤は相対的に脆弱と考えられます。

NTT や KDDI という投資先がある中で、あえて投資するのであれば、悪材料が突発的に出てきて、かつそれが事業継続には問題がないと確信でき、さらに株価が暴落した時、というように**条件をかなり厳しくした方が無難でしょう。**

会社名	特徴	株主優待	暴落時に買いたいか
NTT （9432.T）	国内通信首位。12 年連続自社株買い実施。11 年連続増配中	あり	◎
KDDI （9433.P）	国内通信 2 位。配当性向 40％超。20 年連続増配中	あり	◎
ソフトバンクグループ （9984.P）	携帯事業を展開するソフトバンクの持ち株会社。実質累進配当	なし	－
ソフトバンク （9434.P）	国内携帯 3 位。総還元性向 85％。実質累進配当	なし	－

21 サービス業 ～配当投資向き？ 不向き？～

サービス業は、情報通信・サービスその他セクターです。

■ リクルートホールディングス

リクルートホールディングスは、販促・求人情報サービス、人材派遣業等を展開しているリクルートの持ち株会社です。

事業自体は堅実な経営がなされていますが、業績連動型の配当となっており、また、配当性向も低いことから、**配当投資という観点からは投資しづらい銘柄といえます。**

■ オリエンタルランド

オリエンタルランドは、アメリカのウォルト・ディズニー・カンパニーとのライセンス契約により、東京ディズニーランド、東京ディズニーシー、商業施設、ホテル等を展開しています。

新型コロナウイルスの影響を多大に受けたため、減配を余儀なくされましたが、業績は急ピッチで回復基調です。

今後、安定的な配当は期待できるものの、**株価が急騰してPERが異常な水準まで上昇しており、手出しは無用でしょう。**

余談ですが、京成電鉄が筆頭株主で、オリエンタルランドは同社の持分法適用会社となっていることはあまり知られていません。

■ 日本郵政

日本郵政は、傘下に日本郵便、ゆうちょ銀行、かんぽ生命を収める持ち株会社です。

旧態依然とした体質と経営戦略のミスが経済週刊誌等でたびたび取り上げられており、将来に展望を抱かせるようなニュースは最近聞いたことがなく、典型的なJTC（Japanese Traditional Company）という印象を受けています。

私も以前、好立地不動産の活用で収益を生み出せるだろうという期待感から一定数を保有していました。

ですが、2015年に豪物流大手のトールを約6,200億円で買収したものの、2017年に約4,000億円の減損損失を計上していたため、その経営のまずさに嫌気がさして売却しています。

その後は、物流ならヤマト運輸や佐川急便、銀行なら三菱UFJ FGや三井住友FG、生命保険なら第一生命の方が日本郵政よりも優れていると考え、**投資対象からは外しました。**

なお、配当政策では、「2026年3月期末までの間は1株当たり年間配当50円を目安に、安定的な1株当たり配当を目指してまいります」とあり、安定配当は継続される見込みです。

■ 楽天グループ

楽天グループは国内Eコマース大手で、通信や金融、旅行、電子書籍等、幅広く事業を展開しています。

グループ内の様々なサービスを結び付けて提供している「楽天経済圏」は、若い世代に人気があります。

実質累進配当となっていますが、配当利回りは低く、**配当目的での投**

資には向かないでしょう。

会社名	特徴	株主優待	暴落時に買いたいか
リクルート ホールディングス （6098.P）	販促・求人情報サービス大手。配当は業 績連動。減配あり	なし	－
オリエンタル ランド （4661.P）	東京ディズニーランド・シーを運営。コ ロナショック時に減配あり	あり	－
日本郵政 （6178.P）	郵政グループの持ち株会社。2026年3月 期まで1株配当50円	なし	－
楽天グループ （4755.P）	Eコマース大手。通信、金融等も手掛け る。安定配当	あり	－

22 電気・ガス業 ～配当利回りをチェックして 判断を！～

電気・ガス業は単一業種で電気・ガスセクターを構成します。

■ **東京電力ホールディングス**

東京電力ホールディングスは東日本大震災後、公的管理下におかれています。震災後は無配となっており、今後も復配は厳しい状況が続いています。

■ **中部電力**

中部電力と関西電力も震災後の原発停止の影響を大きく受けて一時は無配転落となりましたが、現在は復配しています。

ただし、電力会社全般にいえることですが、原発が稼働できなければ、原油やLNG等の燃料価格高騰の影響をダイレクトに受けるため、厳しい経営環境が続くことになります。

震災以前のような安定配当を期待して投資するのは難しいでしょう。

■ J-POWER

　J-POWER（電源開発）は水力、火力発電を主力としており、他の電力会社へ電力を卸しています。

　配当政策は配当性向30％としており、実質累進配当となっています。

　安定配当のため、**株価が下がれば配当利回りをベースに投資判断をおこなうことができる銘柄の一つです。**

■ 東京ガス

　東京ガスは、関東地方の主要都市を営業区域とする都市ガス最大手です。株主還元方針として、総還元性向を4割程度としており、実質累進配当となっています。

　安定配当のため、J-POWERと同様に**配当利回りをにらみながら投資を検討するのがいいでしょう。**

■ 大阪ガス

　大阪ガスは、近畿地方を営業区域としている都市ガス2位の事業者。

　株主還元方針として連結配当性向30％以上を維持するとしており、実質累進配当となっています。

　東京ガス同様に、**配当利回りをにらみながら投資を検討するのも一つです。**

会社名	特徴	株主優待	暴落時に買いたいか
東京電力 ホールディングス (9501.P)	電力大手。震災後は無配が継続	なし	−
中部電力 (9502.P)	電力大手。震災後に無配となるが、比較的早期に復配	なし	−
関西電力 (9503.P)	電力大手。震災後に無配となるが復配	なし	−
J-POWER (9513.P)	電力卸。石炭火力と水力が中心。配当性向30％。実質累進配当	なし	−
東京ガス (9531.P)	都市ガス最大手。総還元性向40％。実質累進配当	なし	−
大阪ガス (9532.T)	都市ガス2位。配当性向30％以上。実質累進配当	なし	−

23 陸運業 ～コロナの影響が大きいが、投資の余地もアリ～

陸運業は、運輸・物流セクターです。

■ JR東海（東海旅客鉄道）

JR東海は陸運業で時価総額トップの鉄道会社です。

JR各社の時価総額は上位からJR東海、JR東日本、JR西日本、JR九州と続き、この順位はほぼ固定されています。

東海道新幹線がドル箱となっており、利益の過半を生み出しています。

配当性向は低く、今後もリニア中央新幹線に巨額の資金を必要とすることから、株主還元に積極的になるのは難しいといえるでしょう。

実質累進配当でしたが、コロナ禍で収益が圧迫され、減配を余儀なくされました。

■ JR東日本（東日本旅客鉄道）

JR東日本は、国内最大の鉄道会社です。

人口が密集している首都圏を拠点としていることから、その営業基盤は盤石と考えられていましたが、コロナ禍で状況は一変し、赤字に転落。

　株主還元では、総還元性向40％を目標とし、配当性向は30％をめざすとしています。

　実質累進配当となっていましたが、コロナ禍で減配となりました。

　現在は苦しい状況が続いていますが、基本的には首都圏という盤石な営業基盤に優良不動産を有する、儲けることができる企業です。

　株価次第では投資を検討する価値はあるでしょう。

■ 東急

　東急は不動産事業、交通事業、ホテル・リゾート事業、生活サービス事業など幅広く展開する持ち株会社。傘下の東急電鉄は私鉄で最大の乗客数です。

　株主還元方針では、配当性向30％となっています。実質累進配当でしたが、他の多くの鉄道会社と同様にコロナ禍で減配を余儀なくされています。

■ SGホールディングス

　SGホールディングスは佐川急便グループの持株会社です。

　宅配、企業間物流に強みをもっており、国内宅配便市場ではシェア2位となっています。

　配当方針には、「連結配当性向30％以上、前事業年度からの増配を目標」と記載されており、実質累進配当となっています。

　配当利回りに納得できる株価水準であれば、投資を検討してもよいかもしれません。

■ ヤマトホールディングス

　ヤマトホールディングスは、ヤマト運輸を傘下にもつ持株会社。宅配便は国内首位で、引っ越し等も手掛けています。

　株主還元の方針は、配当性向30％を目標としていて、記念配当を除いた普通配当では、実質累進配当となっています。

同業のSGホールディングスと比べると成長性や資本効率の面でやや見劣りするところもありますが、**株価暴落等で配当利回りが納得できる水準になるのであれば、投資を検討してもよいでしょう。**

会社名	特徴	株主優待	暴落時に買いたいか
JR東海 （9022.P）	東海道新幹線が収益の柱。コロナ禍で減配	あり	－
JR東日本 （9020.P）	鉄道最大手。不動産も成長。配当性向30％。コロナ禍で減配	あり	－
東急 （9005.P）	私鉄で最大の乗客数。配当性向30％。コロナ禍で減配	あり	－
SG ホールディングス （9143.P）	宅配便国内2位。配当性向30％。実質累進配当	なし	△
ヤマト ホールディングス （9064.P）	宅配便国内首位。配当性向30％。普通配当は実質累進配当	なし	－

24　海運業　〜最大限の警戒を要する業種〜

　海運業は、運輸・物流セクターです。
　海運業は、**日本郵船、商船三井、川崎汽船の3強**といわれています。
　業績は安定的とは言い難く、事業年度によっては赤字や減配、無配も普通に発生しています。
　2021年から2022年にかけて、運賃の高騰で株価の暴騰と超高配当で注目を浴びましたが、歴史を振り返るに、このような状態は長くは続かないでしょう。
　投資を検討するのであれば最大限の警戒を必要とする業種の一つです。なお、海運における運賃の指標として、**「バルチック海運指数」**があります。
　海運会社の業績や株価に連動する傾向があるため、しばしば経済誌等で出てくるワードですので、覚えておいて損はないと思います。

会社名	特徴	株主優待	暴落時に買いたいか
日本郵船 (9101.P)	海運国内首位。配当性向30％。業績連動で減配あり。過去に無配も	あり	－
商船三井 (9104.P)	海運国内2位。配当性向30％。業績連動で減配あり。過去に無配も	あり	－
川崎汽船 (9107P)	海運国内3位。2017年3月期から2021年3月期まで連続無配	なし	－

25 空運業 ～株主優待は魅力的だが、避けた方がいい業種の一つ～

空運業は運輸・物流セクターです。

空運業は、**ANAホールディングスと日本航空の2強**です。

コロナ禍の影響を受けて苦しい経営状況が続いており、配当も無配に転落しました。

空運業は利益を安定的に上げるのが難しい業種で、実際に日本航空が2010年に、国内第3位のスカイマークが2015年に、それぞれ経営破綻しています。

国外の航空会社が経営破綻するニュースもしばしば耳にするので、企業個別の問題ではなく、空運業という業種の構造的な問題と認識しています。

株主優待目的で投資する個人投資家も少なくありませんが、私は投資を避けるようにしている業種の一つです。

会社名	特徴	株主優待	暴落時に買いたいか
ANA ホールディングス (9202.P)	空運国内首位。配当は業績連動で無配も	あり	－
日本航空 (9201.P)	空運国内2位。配当は業績連動で無配も	あり	－

倉庫・運輸関連業 〜実質累進配当の銘柄を狙う〜

倉庫・運輸関連業は運輸・物流セクターです。

■ 三菱倉庫

三菱倉庫は、倉庫、港湾運送、国際輸送、不動産事業を手掛ける倉庫業大手です。

株主還元方針では、DOE 2%以上の安定的・継続的配当を実施とあり、実質累進配当となっています。

減配懸念はないことから、配当利回りを一定の基準とすることができる投資判断のしやすい銘柄といえるでしょう。

■ 住友倉庫

住友倉庫は、倉庫業大手で倉庫、港湾運送、国際輸送、不動産事業を手掛けています。

不動産事業が安定して大きな利益を生み出しており、経営基盤を下支えしているのが特徴的な銘柄です。

中期経営計画（2023 〜 2025 年度）では、**配当下限を 100 円に設定（DOE は 3.5 〜 4%を目安）しており、実質累進配当となっています。**

■ 上組

上組（カミグミ）は、港湾総合運送で首位級の高品質物流に強みのある企業。業績は安定しており、利益を着実に伸ばしています。

自己資本比率は 80%を超えて推移しており、財務基盤も鉄壁です。

実質累進配当となっており、**株価が暴落した際には投資を検討してもよいかもしれません。**

会社名	特徴	株主優待	暴落時に買いたいか
三菱倉庫 (9301.P)	倉庫業大手。DOE 2％以上の安定配当。 実質累進配当	なし	－
住友倉庫 (9303.P)	倉庫業大手。配当下限100円。DOE 3.5 〜4％目安。実質累進配当	なし	－
上組 (9364.P)	港湾総合運送首位級。実質累進配当	なし	△

**㉗ 卸売業 〜投資したい３社の確保すべき
配当利回りは？〜**

卸売業は、単一業種で商社・卸売セクターを構成します。

■ 三菱商事

三菱商事は、資源分野と非資源分野の両輪で収益を上げる総合力に強みのある総合商社です。

中期経営戦略2024で、株主還元として累進配当を公言しており、具体的には30〜40％の総還元性向を目処として株主還元をおこなうとしています。

累進配当で減配はないことから、突発的な暴落等で株価が下落した際には積極的に投資していきたい銘柄の一つでしょう。

値動きが激しいことから配当利回りの上下も大きくなりますが、**配当利回り4％程度を確保して投資できればまずまずと考えます。**

■ 三井物産

三井物産は、鉄鉱石と原油の生産権益量で群を抜く、資源分野に強みがある総合商社です。

株主還元として、現中期経営計画3年間の累計基礎営業キャッシュ・フローに対して総還元性向33％を目指すとしており、累進配当政策をとっています。

株価下落時には積極的に投資していきたい銘柄の一つであり、配当利

回りの変動幅は大きいものの、**配当利回り4%程度を確保して投資したいところです。**

■ 伊藤忠商事

　伊藤忠商事は、非資源分野に強みのある総合商社です。

　非資源の割合が三菱商事や三井物産よりも高く、相対的に資源価格の影響を受けにくくなっています。

　中期経営計画Brand-new Deal 2023では、2023年度までに配当性向30%をコミットメントするとし、累進配当政策となっています。

　三菱商事、三井物産と並んで、配当利回りに納得できれば積極的に投資していきたい銘柄でしょう。

　配当利回りの目安としては3〜3.5%程度を確保しつつ投資をしておけば問題ないと考えます。

■ 住友商事

　住友商事は、油井管・鋼管、メディア関連に強みのある総合商社です。株主還元方針はDOE3.5〜4.5%の範囲内で、連結配当性向30%を目安としています。

　過去にはしばしば減配するケースもあり、累進配当とはなっていませんが、減配額はそれほど大きくなく、長い目で見れば増配傾向にあるといえます。

　ただし総合商社では、これまで説明した上位3社が突出した実力となっています。

　ですので、あえて住友商事に投資するのであれば、**株価が大暴落して配当利回りが突出するなどの条件が整った時のみで問題ないでしょう。**

■ 丸紅

　丸紅は、電力や食料分野に強みのある総合商社です。

　配当方針は1株当たり年間配当金78円を基点とし、中長期的な利益成長に合わせて増配していく累進配当を実施としています。

　業績は大手3社と比べるとかなり見劣りすることから、**あえて選択する必要はないといえるでしょう。**

会社名	特徴	株主優待	暴落時に買いたいか
三菱商事 (8058.P)	資源・非資源の双方に強み。総還元性向 30～40％。累進配当	なし	◎
三井物産 (8031.P)	資源に強み。基礎営業 CF に対して総還元性向33％。累進配当	なし	◎
伊藤忠商事 (8001.P)	非資源に強み。配当性向30％。累進配当	なし	◎
住友商事 (8053.P)	メディア関連に強み。DOE 3.5～4.5％。配当性向30％。減配あり	なし	－
丸紅 (8002.P)	電力・食料分野に強み。総還元性向30～35％。累進配当	なし	－

28 小売業 ～投資チャンスはきわめて稀～

小売業は、単一業種で小売セクターを構成します。

■ ファーストリテイリング

ファーストリテイリングは、ユニクロやジーユーを傘下にもつ持株会社。

商品の企画から生産、販売まで一貫しておこなう SPA 企業で、ZARA を擁するインディテックス（スペイン）、H&M（スウェーデン）に次ぐ世界3位の売上を誇っています。

配当は、過去に減配した時期もありましたが、長い目で見れば右肩上がりとなっています。投資家の人気が高く、株価は高い水準で推移し、配当利回りは低い状態が続いています。

低配当で値がさ株（1株当たりの株価が高い銘柄）でもあり、配当投資という観点からは、投資するチャンスは訪れそうにありません。

■ セブン＆アイ・ホールディングス

セブン＆アイ・ホールディングスは、セブン-イレブン・ジャパン、イトーヨーカ堂、セブン銀行などを傘下にもつ持株会社です。

コンビニ業界世界一で、国内における収益力は圧倒的。実質累進配当となっており、株価下落局面で配当利回りが納得できる水準まで上昇した際には、投資もありと考えます。

配当利回りの推移は 1.5 〜 3% 弱なので、**3%に近づいてきたら投資を検討してみましょう。**

■ イオン

イオンは、流通業で国内 2 強の一角で、株主優待が個人投資家に人気のある銘柄です。

実質累進配当となっていますが、コロナ禍で業績は苦しく、いつ減配となってもおかしくない状況といえます。

長期的に安心して保有できる銘柄ではなく、**普段からイオンを利用して株主優待に投資妙味がある方以外は避けた方が無難でしょう。**

■ ニトリホールディングス

ニトリホールディングスは、家具・インテリア販売国内首位のニトリやホームセンター大手の島忠を傘下にもつ持株会社です。

営業利益率は高く、また堅調に利益成長しており、財務基盤も堅牢といえるでしょう。

18 年連続増配中で、株価が安くなった時には投資を検討したい銘柄の一つです。

ただ、配当利回りは 0.5 〜 1% 強程度で推移しており、配当利回りに納得して投資できる機会はそうそう来ないと思われます。

■ パン・パシフィック・インターナショナルホールディングス

パン・パシフィック・インターナショナルホールディングスは、総合ディスカウントストアのドン・キホーテ、総合スーパーのユニー等を傘下にもつ持株会社です。

業績は堅調で、19 年連続増配中。ただし、配当性向がかなり低く、配当利回りも低い状況にあることがほとんどで、**配当を目的とした投資対象としては馴染まない銘柄といえます。**

会社名	特徴	株主優待	暴落時に買いたいか
ファースト リテイリング （9983.P）	SPA世界3位。業績連動配当だが配当は 上昇傾向	なし	−
セブン＆アイ・ ホールディングス （3382.P）	総合小売でイオンと双璧。コンビニ世界 首位。実質累進配当	なし	△
イオン （8267.P）	総合小売2強の一角。財務にやや難あり。 実質累進配当	あり	−
ニトリ ホールディングス （9843.P）	家具・インテリア販売国内首位。財務堅 牢。18年連続増配中	あり	△
パン・パシフィッ ク・インターナシ ョナルホールディ ングス（7532.P）	ディスカウントストアのドン・キホーテ を展開。19年連続増配中	あり	−

29 銀行業 ～注目すべき2社とは？～

　銀行業は、単一業種で銀行セクターを構成します。

■ 三菱UFJフィナンシャル・グループ

　三菱UFJフィナンシャル・グループは、国内最大の金融グループ
で、三菱UFJ銀行、三菱UFJ信託銀行、三菱UFJ証券ホールディング
ス、三菱HCキャピタル、三菱UFJニコス等を傘下にもつ持株会社で
す。

　株主還元の基本方針には「安定的・持続的な増加を基本方針とし、
2023年度までに配当性向40%への累進的な引き上げをめざす」とあり
ます。

　累進配当政策を公言しており、株価下落で配当利回りが高くなった際
には着実に投資していきたい銘柄です。

　**配当利回りは少なくとも4%程度は確保しつつ投資したいところでし
ょう。**

■ 三井住友フィナンシャルグループ

　三井住友フィナンシャルグループは、三井住友銀行、三井住友カード、日本総合研究所、SMBC日興証券などを傘下にもつ持株会社です。

　株主還元方針には「配当は累進的とし、配当性向は2022年度までに40％を目指してまいります」と記載されており、累進配当を公言していることからも、配当利回りが高い水準にある時に投資していれば、いい結果をもたらしてくれるでしょう。

　配当利回りは、4.5〜5％程度は確保できる株価水準で投資したいところです。

■ みずほフィナンシャルグループ

　みずほフィナンシャルグループは、みずほ銀行、みずほ信託銀行、みずほ証券などを傘下にもつ持株会社です。

　配当は配当性向40％を目安とし、実質累進配当となっています。

　3メガバンクの中では、業績で上位2社に大きく水をあけられていますし、**投資対象としてはその2社を注視していれば問題ないでしょう。**

会社名	特徴	株主優待	暴落時に買いたいか
三菱UFJ フィナンシャル・ グループ （8306.P）	国内最大の総合金融グループ。世界でも有数。累進配当	なし	◎
三井住友 フィナンシャル グループ （8316.P）	国内2位の総合金融グループ。効率性は首位。累進配当	なし	◎
みずほ フィナンシャル グループ （8411.P）	国内3位の総合金融グループ。実質累進配当	なし	−

証券、商品先物取引業は、金融（除く銀行）セクターです。

■ 野村ホールディングス

野村ホールディングスは、国内最大手の証券会社です。

かつては業界の圧倒的盟主でしたが、最近はネット証券に押されて厳しい状況が続いています。

配当性向30％としており、業績連動型配当のため、減配と増配を頻繁に繰り返している点を考えても、**安定配当を期待しての投資は避けた方がいいでしょう。**

■ 大和証券グループ本社

大和証券グループ本社は、国内2位の証券会社です。

かつての四大証券（野村證券、大和証券、SMBC日興証券、山一證券）の一角ですが、野村證券同様、ネット証券の台頭で苦しい状況が続いています。

配当性向50％以上としていますが、業績に連動するため減配と増配を繰り返しています。

安定配当を目的としての投資はできない銘柄でしょう。

■ SBIホールディングス

SBIホールディングスはネット証券首位で、傘下にSBI証券や新生銀行をもつ持株会社です。

従来型の証券会社が軒並み苦戦する一方、ネット証券はどこも勢いがあり、その中でとくに顧客数を伸ばしているのが、このSBIホールディングス。

株主還元方針として、金融サービス事業において定常的に生じる税引前利益の30％程度を目安に総還元額を決定としていますが、実質累進配当となっています。

安定配当が期待できることから、配当利回りをにらみつつ投資するのもありかもしれません。

会社名	特徴	株主優待	暴落時に買いたいか
野村 ホールディングス （8604.P）	証券国内首位。配当性向30％。業績連動配当で減配あり	なし	－
大和証券 グループ本社 （8601.P）	証券国内2位。配当性向50％。業績連動配当で減配あり	あり	
SBI ホールディングス （8473.P）	ネット証券国内首位。総還元目安は税引前利益の30％。実質累進配当	あり	

31 保険業 ～業界の盟主の投資時期とは？～

保険業は、金融（除く銀行）セクターです。

■ 東京海上ホールディングス

東京海上ホールディングスは、メガ損保3強の一角。純利益は同業他社を圧倒していることから、実質1強となっている業界の盟主です。

配当は利益成長に応じて持続的に高める方針となっていますが、ホールディングスとして上場して以来、普通配当を減配したことはなく、実質累進配当となっています。

2016年度から毎年自社株買いを実施しており、株主還元にも積極的です。株価が下がり配当利回りが上昇した時には、ぜひ買い増ししたい銘柄の一つといえます。

配当利回りはここ数年、おおよそ3.5～4.5％で推移していることから、**4％程度で投資できれば問題ないでしょう。**

■ MS&AD インシュアランスグループホールディングス

MS&AD インシュアランスグループホールディングスは、メガ損保3

強の一角で、三井住友海上火災保険、あいおいニッセイ同和損害保険などを傘下にもつ持株会社です。

　株主還元方針では、利益の50％を基本に配当及び自己株式取得によって株主還元をおこなうとされており、実質累進配当となっていることから、株価暴落時に配当利回りを観察しながらの投資も機能すると考えます。

　ここ数年の配当利回りの推移は、3.5〜5％程度となっており、**配当利回りが5％付近であれば投資を検討するのも悪くないと考えます。**

■ SOMPO ホールディングス

　SOMPO ホールディングスは、メガ損保3強の一角で、損害保険ジャパンを傘下にもつ持株会社です。

　株主還元方針は、修正連結利益の50％を基礎的な還元とし、利益成長に合わせた増配を基本方針としています。

　実質累進配当となっていることから、**株価の下落時に配当利回りが納得できる水準まで上がれば、投資を検討するのもありではないでしょうか。**

■ 第一生命ホールディングス

　第一生命ホールディングスは、生命保険大手で唯一上場している持株会社です。

　生命保険業界は、非上場の日本生命保険が最大手で、第一生命ホールディングス、明治安田生命保険（非上場）、住友生命保険（非上場）の大手3社が続いています。

　第一生命ホールディングスの株主還元基本方針は、配当性向30％以上として配当の減配は原則おこなわない累進配当政策を採用。

　株価が下落して配当利回りが高くなるようであれば、投資を検討するのもよいかもしれません。

会社名	特徴	株主優待	暴落時に買いたいか
東京海上 ホールディングス (8766.P)	メガ損保3強の一角。実質1強。自社株買いも積極的。実質累進配当	なし	◎
MS&AD インシュアランス グループ ホールディングス (8725.P)	メガ損保3強の一角。総還元性向50％。実質累進配当	なし	－
SOMPO ホールディングス (8630.P)	メガ損保3強の一角。総還元性向50％。実質累進配当	なし	－
第一生命 ホールディングス (8750.P)	生命保険大手。配当性向30％。累進配当	なし	－

32 その他金融業 ～連続増配の優良企業を探し出す～

その他金融業は、金融（除く銀行）セクターです。

■ オリックス

オリックスは、リース首位で、不動産、銀行、事業投資等、多角的に事業を展開する総合金融サービス企業です。

個人投資家の間では、優待銘柄として長らく人気がありましたが、株主優待は2024年3月期をもって廃止されることになりました。

配当は「配当性向33％か、前期配当金額の高い方」とされており、累進配当政策を採用しています。

オリックスは、着実な利益成長を続けつつも累進配当となっていることから、配当利回りに納得ができれば投資を検討したい銘柄の一つでしょう。

ここ数年の配当利回りは、異常値となったコロナショック時を除けば3.5～5％弱で推移しています。

4％は確保しつつ、利回りが高くなった時には株数を積み上げていくという戦術が機能すると考えます。

■ 日本取引所グループ

　日本取引所グループは、東京証券取引所、大阪取引所を傘下にもつ持株会社です。

　売上高営業利益率は50％を超える超高収益企業で、他社の参入が実質不可能な独占企業となっています。

　配当性向を60％程度としており、業績連動型配当で減配もあります。

　ここ数年の配当利回りは2〜3％程度で推移していますが、予想配当を保守的に見積もって、期末配当で増配するというパターンが続いています。

　そのため、過去5年間における実績配当の平均を算出して、実績ベースで配当利回りを計算するのも一つでしょう。

　たとえば、2018年3月期から5年間の配当金は、それぞれ、67円、70円、54円、68円、72円となっていて、平均は約66円です。

　この66円をベースに考えると、株価2,000円で投資したならば、これまでの実績から期待できる配当利回りは3.3％となります。

　保守的な通期予想を出す企業では、このように長い目で見て期待リターンを考えてみるのも悪くありません。

■ 三菱HCキャピタル

　三菱HCキャピタルは、三菱グループのリース大手企業。連続増配銘柄で、23年連続増配中です。

　業績は安定し、連続増配銘柄であることからも、配当利回りに納得できる株価水準になれば投資を検討できる銘柄だといえます。

　ここ数年、配当利回りは3.5〜5％程度の水準で推移しているので、**5％に近づきだしたら買い場も到来しつつある、という認識で問題ないでしょう。**

　その他金融業には、時価総額は大きくないものの連続増配を継続する優良企業が多く存在します。

　リース業では、東京センチュリー、リコーリース、芙蓉総合リース、みずほリースが連続増配銘柄であり、かつ、株主優待も実施しているお

得感のある銘柄です。

これらは、株価が下落している時には投資を検討するに値すると考えます。

他にも個人投資家に人気のある銘柄として、住宅ローン向けを柱とする独立系の信用保証最大手の全国保証やリース業のNECキャピタルソリューションも実質累進配当で株主優待も実施しており、株価次第では投資妙味があるといえるでしょう。

会社名	特徴	株主優待	暴落時に買いたいか
オリックス (8591.P)	リース首位。配当性向33%。実質累進配当	2024年廃止	△
日本取引所グループ (8697.P)	東証を傘下に持つ独占企業。配当性向60%。業績連動で減配あり	あり	◎
三菱 HCキャピタル (8593.P)	三菱グループのリース大手。23年連続増配中	なし	−

33　不動産業 ～この業界における 買い時の利回りとは？～

不動産業は、単一業種で不動産セクターを構成します。

■ **三井不動産**

三井不動産は、業界首位の総合不動産デベロッパーです。

三井物産、三井住友フィナンシャルグループと並び、三井グループの御三家と呼ばれています。

株主還元方針は総還元性向45%となっていますが、実質累進配当です。

業績が安定していることから株価も下がりにくく、配当利回りが低い水準で推移していますが、株価暴落で配当利回りが高くなるようであれば投資を検討したい銘柄でしょう。

ここ数年の配当利回りの推移は、1.5 ～ 2.5％程度となっているので、**利回り 2.5％に近づけば概ねの買い時といえるでしょう。**

■ 三菱地所

　三菱地所は総合不動産デベロッパーで、三井不動産と双璧と呼ばれています。

　また、東京駅周辺に 30 棟以上のビルを保有していることから「丸の内の大家」との異名も。

　配当政策は連結配当性向 30％で、過去には減配もありましたが、最近は増配傾向です。ここ数年の配当利回りは 1.5 ～ 2％を少し超える程度で推移しています。

　株価はなかなか安くならず、配当利回りも低い水準で推移していますが、**突発的な暴落で、配当利回りが 2％を大きく上回るような状況となれば、投資を検討して問題ないと考えます。**

■ 住友不動産

　住友不動産は、住友グループの大手不動産デベロッパーです。

　株主還元方針には「利益成長に沿った『持続的増配』、『年 7 円増配』を継続」とあり、実質累進配当となっています。

　配当利回りは低い水準が続いていますが、実質累進配当となっていることから、**株価が大きく下がって配当利回りが上昇した際には、投資を検討するのもよいかもしれません。**

■ ヒューリック

　ヒューリックは、不動産賃貸事業を中核事業とする不動産デベロッパー。10 年以上も連続で増配していることや、豪華な株主優待が個人投資家の間でも好評です。

　成長戦略のための増資（新株を発行して資金調達すること。EPS が希薄化して株価の下落要因となる）を実施することもあり、株価は低迷が続いています。

　ですが、調達した資金で着実に利益成長を実現させているのです。

　株主優待制度も長期保有特典があり、魅力的な内容であることを勘案

した上で、**株価が突発的に安くなった際には投資を検討してもよいでしょう。**

■ 大東建託

　大東建託は、賃貸住宅の建築請負から一括借り上げで圧倒的な存在感があります。

　業績も堅調で概ね右肩上がりとなっていますが、配当性向を50％に設定してシビアに履行するため、**投資を検討する場合は業績次第で減配されることもある点に留意が必要でしょう。**

会社名	特徴	株主優待	暴落時に買いたいか
三井不動産 （8801.P）	総合不動産首位。総還元性向45％。実質累進配当	なし	△
三菱地所 （8802.P）	総合不動産で三井不動産と双璧。配当性向30％。	なし	△
住友不動産 （8830.P）	総合不動産大手。年7円増配方針。実質累進配当	なし	－
ヒューリック （3003.P）	不動産賃貸大手。増資があるも成長加速。連続増配	あり	－
大東建託 （1878.P）	賃貸住宅管理戸数・賃貸仲介件数首位。配当性向50％で業績により減配もあり	なし	－

投資判断はいくつかの材料を用いて、複合的に考える

　東証33業種の業種区分における代表的な企業を紹介してきました。

　暴落時に買いたいと思える企業については、過去の配当利回りの推移から買い時と考えられる水準も記載していますが、**あくまで判断材料の一つとして捉え、複合的に考える習慣をつけるようにしてください。**

　前作では、最低限知っておきたい知識として、配当利回りの他にPER、EPSについて、その活用の仕方を含めて詳述していますので、あわせてそちらも参考にしつつ、投資判断の精度を上げていっていただ

ければと思います。

　最後に、東証 33 業種の業種区分と該当するセクターの一覧表を掲載しておきます（**図 1-2**）。

　第 1 章で学んだことを思い起こして、知識の定着に活用してください。

この章で伝えたいこと

- 各セクターにおける代表的な企業を知っておこう
- 優良企業も株価が高い時に買うとリターンは低くなると知っておこう
- 配当利回りを参考としつつも PER レンジや EPS 推移などを活用して、複合的に投資判断をおこなおう

図1-2 ● 東証33業種区分とセクター

東証 33 業種の業種区分		セクター	
1	水産・農林業	1	食品
2	食料品		
3	鉱業	2	エネルギー資源
4	石油・石炭製品		
5	建設業	3	建設・資材
6	金属製品		
7	ガラス・土石製品		
8	繊維製品	4	素材・化学
9	パルプ・紙		
10	化学		
11	医薬品	5	医薬品
12	ゴム製品	6	自動車・輸送機
13	輸送用機器		
14	鉄鋼	7	鉄鋼・非鉄
15	非鉄金属		
16	機械	8	機械
17	電気機器	9	電機・精密
18	精密機器		
19	その他製品	10	情報通信・サービスその他
20	情報・通信業		
21	サービス業		
22	電気・ガス業	11	電気・ガス
23	陸運業	12	運輸・物流
24	海運業		
25	空運業		
26	倉庫・運輸関連業		
27	卸売業	13	商社・卸売
28	小売業	14	小売
29	銀行業	15	銀行
30	証券、商品先物取引業	16	金融（除く銀行）
31	保険業		
32	その他金融業		
33	不動産業	17	不動産

企業と市場に対する 「俯瞰力」 がアップする 10 の指標

第2章では、投資先をどう決めていくかという判断の幅を広げていきます。

この章を読み、理解を深めることで、自分の頭で投資先を考察し、決断できるようになるでしょう。

投資先を検討するにあたり、「定量分析」と「定性分析」の両輪で判断をおこなっていくことが一般的です。

「定量分析」とは、投資指標等の数値データをもとに分析すること、「定性分析」とは、今後も現在のビジネスモデルが機能するのか等、数値には表れない部分を分析することを指します。

早速、数値データを用いて客観的に投資先を検討する「定量分析」のツールである投資指標を学んでいきましょう。

前作の『オートモードで月に18.5万円が入ってくる「高配当」株投資』では、これから株式投資を始める投資初心者が挫折することのない**よう、効果が期待できる投資指標を3つという必要最小限に絞って紹介しました。**

詳しくは前作をお読みいただければと思いますが、あらためて、簡単に復習をしておきましょう。

■1. 配当利回り

1年間の配当によるリターンが、投資額の何％となるのか表したもの。投資の際は、配当利回りは納得できる水準にあるか、配当は増加傾向にあるかをチェック。

配当利回り＝1株当たりの配当金÷株価×100

■2. 1株利益（EPS）

1年間にその会社がいくら稼いでいるのか、1株当たりで表したもの。投資の際は、EPSが安定的に推移しているか、増加傾向にあるか

をチェック。

■ 3. 株価収益率（PER）

　株価が1年間の利益の何倍になっているか表したもの。投資の際は、PERが過去の水準と比較して高くなりすぎていないかをチェック。

> 株価収益率＝株価÷1株利益

　この3つの指標をしっかりと理解することで、投資の精度は格段に上がるので、日ごろから意識して活用していきましょう。

　それでは、上記3つの指標を理解し、今後、投資の精度をさらに向上させていくために知っておきたい投資指標を学んでいきましょう。

自己資本比率 ～業界で「適正水準」は異なる～

　自己資本比率は、企業の財務健全性を確認するための指標。一般的に、数値が高いほど安全とされています。

　ただし、**業種によって適正な水準は異なるため、その業種における平均値がどの程度かを確認した上で、判断する必要があります。**

　たとえば、総合商社業界であれば、三菱商事、三井物産、伊藤忠商事、住友商事、丸紅の自己資本比率を調べると、業界平均としては概ね30％台前半となっていることが分かるというわけです。

　また、リース業界であれば、三菱HCキャピタル、東京センチュリー、芙蓉総合リース、みずほリース、リコーリース等を見ていくと、10％台前半が業界平均だと目星がつきます。

　このように、業種によって自己資本比率の適正な水準は変わってくるので、**業種の異なる銘柄同士を、比較検討に使うのは適当ではありません。**

　あくまで、同一業種内においての財務健全性を確認するツールの一つとして、活用してください。

図2-1 ● 自己資本比率の考え方

総資本	100円	総資本は他人資本と自己資本の合計（100円）
他人資本	60円	銀行からの借入金など、他人資本は60円
自己資本	40円	株主からの出資など、自己資本は40円

上記例での自己資本比率

$$\frac{自己資本 \quad 40円}{総資本 \quad 100円} \quad × \quad 100 \quad = \quad 40\%$$

　自己資本比率は次の計算式で求めることができますが、個人投資家が普通に株式投資をおこなっていく上で、自ら計算する必要が出てくることはほぼありません。

　自分で計算してみたいなと思った時に、そういえば計算式が書いてあったなと思い出していただく程度で十分です。

自己資本比率（％）＝自己資本÷総資本×100

売上高営業利益率　～概ね何％以上なら 投資検討に値するか？～

　売上高営業利益率は、**「売り上げに対して、どの程度の利益が出ているか」**という指標です。

　一般的に利益率の高い企業は競争力を有していることが多く、本業で

図2-2 ● 売上高営業利益率

売上高	100円	
売上原価	40円	売れた商品の仕入れや 製造にかかった費用は40円
販管費	40円	販売費及び一般管理費は40円
営業利益	20円	売上高100円－売上原価40円 －販管費40円＝営業利益20円

上記例での売上高営業利益率

$$\frac{営業利益\quad 20円}{売上高\quad 100円} \times 100 = 20\%$$

どれだけ儲けているのかを大まかに把握することができます。

　業種によって平均的な利益率は異なるため一概にはいえないものの、**概ね10％以上あれば投資を検討するに値するでしょう。**

　利益率が高いといわれる医薬品業界では、武田薬品工業、アステラス製薬、中外製薬等、多くの企業が10％を超える利益率となっており、医薬品業界自体が儲かるセクターであることがうかがい知れます。

　逆に、相対的に儲かっていないセクターも存在します。水産業がいい例でしょう。

　水産業において代表的な企業といえる日本水産やマルハニチロの利益率は、5％にも届いていません。

　競争力のある商品であれば、価格を上げても売れ行きは変わらないため、自ずと利益率も高くなっていきます。

　利益率の高さは競争力の源泉となることから、投資をする際には必ずチェックしておきたい項目の一つでしょう。

　なお、各企業の投資家向け資料において、売上高や営業利益という記載ではなく、売上収益・経常収益や、税引前利益・経常利益などと書か

れることもあります。

　ポイントは、全体の売り上げに対して、費用を除いた利益が何％残っているか。

　見慣れない言葉が出てきても慌てずに、その言葉の意味するところを確認するようにしましょう。

　売上高営業利益率は、以下の計算式で算出できます。

> 売上高営業利益率（％）＝営業利益÷売上高×100

PBR（株価純資産倍率）〜１倍以下にこだわる必要がないケースとは？〜

　PBR（株価純資産倍率）は、**「純資産の観点から、株価が割安か割高か」**を判断するための指標です。

　一般的に、PBRが１倍で会社の解散価値（仮に事業をやめて資産を株主へ分配した時の資産価値）と同じとされており、PBRが１倍を下回れば割安、１倍を上回れば割高と考えられています。

　PBRは「Price Book-value Ratio」の略で、Priceは株価、Book-valueは純資産（帳簿価格）、Ratioは倍率（比率）という意味です。

　資本効率が高く、マーケットから評価されている銘柄のPBRは高くなる傾向にあるので、**１倍以下（つまり純資産から考えれば割安）にこだわりすぎる必要はありません。**

　私の永久保有銘柄である、花王、アステラス製薬、日本取引所グループのPBRは２倍以上で推移していますし、**あくまで投資判断のモノサシの一つとして活用してください。**

　PBRは下落相場でおおよその底を判断する時に活用できます。
　ですので、**株価暴落で株価がどこまで下落するか分からない、という不安に駆られた時には、PBRをチェックするようにするといいでしょう。**

　日経平均株価のPBRは、あの100年に一度といわれたリーマンショ

ックの時でさえも 0.8 倍を下回っていません。

　つまり、株価が下がり続けても PBR は 0.8 倍付近が概ねの底値だろうと見当をつけ、対処することができるということ。

（PBR の算出には「加重平均」と「指数ベース」がありますが、ここでは日本経済新聞で掲載されている「加重平均」を採用しています）

　図 2-3 をご覧ください。過去の暴落時における日経平均株価の PBR です。イギリスの EU 離脱が国民投票で賛成多数となったブレグジットでは、1.03 倍まで下がり、2018 年 12 月の世界同時株安では 0.99 倍まで下がっています。

　このように数年に一度、1 倍ラインまで下落することが発生しているのですが、その後の株価上昇を鑑みるに、振り返れば買い場であったと評価できます。

　続けて、規格外の暴落が起こった時にどうなるかを見ていきましょう。

　東日本大震災では 0.9 倍まで下がっています。コロナショックでも 0.82 倍、リーマンショックの影響が続いた 2009 年には、過去最低の

図2-3 ● 過去の暴落時における PBR

日経平均 PBR（加重平均）		肌感覚
1.3		普通
1.2		
1.1		やや安い
1	ブレグジット　2016 年	安い
0.9	世界同時株安　2018 年	かなり安い
	東日本大震災　2011 年	
0.8	コロナショック　2020 年	振り返れば絶好の買い場
	リーマンショック後　2009 年	

※過去最低はリーマンショック後の 0.81 倍

0.81 倍まで下がりました。

　この水準になるとマーケットは総悲観となりましたが、優良銘柄も全体の下落に引きずられて安くなり、**振り返れば絶好の買い場となったといえます。**

　実際に株価が下落していく中、買いに向かうのは勇気のいることですが、普段はなかなか訪れない優良銘柄が安く買える絶好の機会になることは、ぜひとも覚えておいてください。

BPS（1 株当たり純資産）〜 長期的な視点で判断するために活用する 〜

　BPS（1 株当たり純資産）は、**「1 株当たりどの程度の純資産があるか」** を表した指標です。

　前述の PBR は、株価をこの BPS で割ることで求められます（株価÷BPS ＝ PBR）。

　つまり、純資産よりも株価が高ければ PBR は 1 倍を上回り（割高となる）、純資産よりも株価が低ければ PBR は 1 倍を下回る（割安となる）ことになります。

　BPS は「Book-value Per Share」の略です。

　Book-value は純資産（帳簿価格）、Per Share は 1 株当たりで、つなげると「1 株当たり純資産」となります。

　BPS は PBR（株価純資産倍率）の計算をする際に利用されますが、その推移に注意が払われることはあまりありません。

　ですが、私たちは BPS の推移を確認し、**投資先企業の資産が着実に増加しているかどうかをチェックして、長期的な財務健全性の判断に活用してみましょう。**

　BPS は以下の計算式で求めることができます。

BPS（1 株当たり純資産）＝純資産÷発行済み株式数

ROE（自己資本利益率）～知っておくべき 3つの特性とは？～

　ROE（自己資本利益率）は、**「企業が投資家から集めたお金を使って、効率的に利益を上げることができているか」** を確認するための指標です。一般的に、数値が高いほど経営効率がよいとされています。

　ROE は「Return On Equity」の略です。

　Return は利益、Equity は株式で、「株主が投資したお金に対しての利益」という意味になります。

　ROE は資本効率を把握するための指標として、投資雑誌等でもよく紹介されているので、みなさんも目にすることが多いのではないでしょうか。

　活用の仕方にやや工夫がいる指標ではありますが、その特性として、まずは次の3点を知っておきましょう。

○**ROE が高いほど企業の資本効率がよく**、投資家にとって魅力的とされている

○借入金を増やせば ROE を**高めることができる**（借金≒他人資本を増やすことでごまかしがきく）

○ROE が高くて、かつ、自己資本比率も高い、というように**他の指標と組み合わせて判断することで精度が上がる**

　ROE を参考にする時は、**同一業種で概ねの平均値を把握して、その平均値と比べてどの程度優位性があるか判断します。**

　この点は他の投資指標と同じですが、加えて自己資本比率も確認しておきましょう。

　たとえば、通信業の大手キャリア3社を見てみましょう。

　NTT と KDDI の ROE はともに10％台となっている一方、ソフトバンクのそれは30％台となっています。

　これだけだと、ソフトバンクが魅力的な投資先に思えますが、そう判断するのは早計です。

次に自己資本比率を確認します。

NTTの自己資本比率は30％台、KDDIは40％台なのに対して、ソフトバンクの自己資本比率は10％台となっています。ようするに、自己資本比率の低さが、逆にROEを高めているのです。

通信業界というのは、営業キャッシュ・フロー（商品の仕入れや販売などで生じた現金収支）が安定していることから、自己資本比率にそこまで神経質になる必要はありません。

しかし、自己資本比率が業界平均と比べて著しく低い場合は、不測の事態が発生した時に問題が次々と浮き彫りになる可能性もあるということ。

ですので、ソフトバンクへの投資を考えるなら、その自己資本比率の推移を注視しておく必要があるといえます。

ROEは次の計算式で求めることができます。

ただ、多くの投資情報媒体でROEは基本的な指標として掲載されていますので、計算式まで覚える必要はなく、計算する必要が出てきた時に調べれば十分でしょう。

ROE（％）＝純利益÷自己資本× 100

ROA（総資産利益率）～ ごまかしの利かない指標～

ROA（総資産利益率）は、**「企業が保有しているすべての資産を用いて、どの程度、効率的に利益を上げているか」** を確認するための指標です。

数値が高いほど、資産を効率的に活用して利益につなげているという評価ができます。

ROAは「Return On Asset」の略です。

Returnは利益、Assetは資産で、「資産全体に対して、どの程度の利益があるか」という意味です。

前述の ROE では、純利益を自己資本で割り算しましたが、ROA では、純利益を総資産で割って求めます。

　総資産には自己資本だけではなく、有利子負債等（他人資本）も含まれますので、負債を増やして数値を高めることができなくなります。

　大規模な設備投資を必要とする鉄道業界（JR 各社や京阪 HD、阪急阪神 HD 等）や航空業界（日本航空、ANA HD 等）において、ROE が高いにもかかわらず、ROA が低い企業は、有利子負債が多く自己資本比率が低いというケースが多々あります。

　そのような企業への株式投資を考えているなら、**自己資本比率を業界平均と比べてみてください。**

　自己資本比率が業界水準よりも高ければ、財務基盤は平均よりも安定的で、かつ資本効率は高いという判断ができるでしょう。

　オービックや日本オラクルなどのソフトウェア関連企業に多いのですが、ROE が高くて ROA も高い場合、財務基盤が堅牢であるケースがほとんどです。

　そういった意味で、投資先を検討する際は ROA が高いことを基準の一つとするのもよいでしょう。

　ROA は次の計算式で算出できます。ROE 同様に多くの投資情報媒体で掲載されていますので、計算式を覚えてまで自分で計算する必要はありません。

ROA（%）＝純利益÷総資産× 100

ROIC（投下資本利益率）〜最近広まりだした指標〜

　ROIC（投下資本利益率）は**「事業投資（Invested Capital）に対して、どれだけの利益（Return）を生みだせたか」**を示す指標。「Return On Invested Capital」の略です。

ROIC は、税引き後営業利益を投下資本で割ることで計算できます。

　最近まで日本ではあまり一般的でなかった指標ですが、個人投資家向けの IR（Investor Relations：企業が自社を知ってもらうためにおこなう投資家向けの広報活動）資料で見る機会が徐々に増えてきました。

　一例を挙げると、NTT では 8％を目標に掲げています。

　また、ROIC を意識しているのは巨大企業だけにとどまりません。

　たとえば、化学専門商社首位の長瀬産業では 2025 年度における ROIC の目標を 5.0 ～ 5.5％としており、資本効率を意識している企業が増えてきていることがうかがい知れます。

　ROIC を経営指標として採用している企業はまだまだ少なく、投資雑誌等でも掲載は一般的ではありません。

　したがって、ざっくりと銘柄をチェックする際には、ROIC の代用として、ROE と自己資本比率が業界平均よりも高いかどうかを確認するのが現実的でしょう。

　普段から自分で計算して状況を把握しておく必要はありません。

　投資先企業の個人投資家向け説明資料等で ROIC が出てきた時には、その企業は資本効率を意識した経営をおこなっているということ。

　その際は、「そういえば、そんな指標があったな」と思い出して、本書を読み返してみてください。

　ROIC は次の計算式で算出できます。

ROIC（％）＝税引き後営業利益÷投下資本× 100

　ちなみに、ここでいう投下資本とは「株主資本＋有利子負債」を指します。

VIX 指数（恐怖指数）～指数が大きいほど　　　　　　　　　　　　　恐怖を感じる数値～

　VIX 指数（恐怖指数）は、「Volatility Index」の略で、Volatility は株価の振れ幅のことを、Index は指数を意味します。

VIX 指数は、米国株価指数の S&P500 先物のオプション取引の数値をもとに算出され、**市場が今後 30 日間でどのような変動を想定しているかを数値化したものです。**

　人は、株価の振れ幅が大きいと心理的な影響を受けます。

　振れ幅が大きくなればなるほど、心理的に受ける影響も大きくなり、恐怖を感じるようになることから、VIX 指数は「恐怖指数」とも呼ばれています。

　通常は 10 ～ 20 の範囲内で推移しますが、**30 を超えると警戒領域といわれ、相場は不安定な状態となります。**

　図 2-4 にあるように、40 を超えると過去の暴落の歴史に刻まれるような状況にあることが読み取れます。

　ちなみに、過去最高値はリーマンショックの「89.53」で、ここまで

図2-4 ● 暴落時における VIX 指数

VIX 指数（恐怖指数）			日経平均 VI（参考）	
100				
90			91	リーマンショック
80	大混乱	2008 年　リーマンショック 2020 年　コロナショック		
70			69	東日本大震災
60			60	コロナショック
50	混乱	2015 年　チャイナショック 2018 年　VIX ショック		
40		2001 年　米同時多発テロ 1997 年　アジア通貨危機	48	チャイナショック
30	警戒		38	VIX ショック
20	平常			
10				
0	安寧			

※過去最高はリーマンショックの「89」

高くなるとマーケットはパニック状態。優良銘柄かどうかに関係なく、売り一色となります。

　ただし、逆に考えれば、**優良銘柄がその本来の価値にかかわらず売られているという状況は、長い目で見れば絶好の買い場ということ。**

　そういった状況かどうかを判断するためにも、この指数をモノサシの一つとしてぜひ活用してみてください。

　なお、VIX指数の日経平均株価版として、日経平均ボラティリティー・インデックス（日経平均VI）というのを見たことがあるかもしれません。

　「日経平均VI」「現在」等のキーワードでネット検索をかければすぐに調べることができますが、VIX指数との相関も強いことから、特段の理由がなければVIX指数を確認しておけば問題ないでしょう。

Fear & Greed Index ～客観的に投資家心理を確認できる～

　Fear & Greed Index は、**アメリカのテレビ局であるCNNが提供している投資家心理に関する指標**です。

　直訳すると、Fear が恐怖で Greed が強欲であることから「恐怖と強欲の指数」となります。

　0から100までの数値で示され、0〜25が「Extreme Fear」（極度の恐怖）、25〜45が「Fear」（恐怖）、45〜55が「Neutral」（中立）、55〜75が「Greed」（強欲）、75〜100が「Extreme Greed」（極度の強欲）となっています。

　0に近づくほど投資家心理が冷え込み、必要以上に株が売り込まれていることから、株価が割安になっていると判断できます。

　逆に100に近づくほど投資家心理が過熱しており、適正な株価を超えて株が買われていることから、株価が割高になっているということ。

　具体的に実際の画面を見ていただいた方が分かりやすいと思います。

図2-5●恐怖と強欲指数

出所：CNN BUSINESS

　図2-5をご覧ください。真ん中にある針が右（100の方）に傾いている時は、マーケットに過熱感があり、警戒が必要です。

　その一方、真ん中にある針が左（0の方）に傾いている時は、マーケットが悲観的になっており、株価も安くなっていることから安く買えるという判断も可能です。

　投資家心理を客観的に確認したい時に、VIX指数とあわせて活用してみてください。

EV/EBITDA倍率 〜馴染みはうすいが、世界的な株価比較の尺度〜

　EV/EBITDA（イーブイ・イービットディーエーと読みます）倍率は、**「事業価値が本業の利益の何倍か」** を表す指標です。

　投資雑誌等で紹介されていることは稀で、あまり馴染みがないという方がほとんどでしょう。

　その一方、世界的な株価比較の尺度として、EV/EBITDA倍率が広く使われていることもあり、各企業のIR資料ではしばしば目にします。

　個人投資家としては、普段から意識する必要はありませんが、IR資

料で目にした時には思い出してみてください。

EV は「Enterprise Value（事業価値）」の略です。具体的には「時価総額＋有利子負債－現金・現金同等物」で計算します。

EBITDA は「Earnings Before Interest Taxes Depreciation and Amortization」の略で、各単語の頭文字をとり EBITDA となっています。

日本語で表すと、「利息（Interest）、税金（Taxes）、減価償却費および償却費控除（Depreciation and Amortization）前（Before）の収益（Earnings）」となります。

見ただけで頭が痛くなってきそうですが、**シンプルに「営業利益＋減価償却費」と覚えておきましょう。**

EV/EBITDA 倍率は一般的に 8 倍程度が目安とされ、8 倍を下回るようであれば割安、8 倍を上回るようであれば割高と考えられています。

しかし、セクターにより平均値が異なるため、業界平均と比較して高いのか低いのかという視点を忘れないようにしましょう。

信用格付 ～財務健全性を記号で確認できる～

新聞等で「格付」という言葉を目にしたことがあるのではないでしょうか。格付とは**「事業会社の金融債務が返済できるかどうか」、その確実性について記号で表したもの**です。

有名なのは、米国系の「ムーディーズ（Moody's）」と「スタンダードアンドプアーズ（S&P）」でしょう。

他にも、欧米系の「フィッチ・レーティングス」や、日本の「格付投資情報センター（R&I）」、「日本格付研究所（JCR）」があります。

図2-6 をご覧ください。Aaa・AAA（トリプルエー）が最高位で、C が最低位となっています。

各社とも、その格付は財務調査などを通しておこなっているので、投

図2-6 ● 長期債及び発行体格付の格付記号

信用リスク	ムーディーズ	S&P、フィッチ、R&I、JCR
リスクが低い	Aaa	AAA
	Aa	AA
	A	
中程度の水準	Baa	BBB
	Ba	BB
	B	
リスクが高い	Caa	CCC
	Ca	CC
	C	

※ムーディーズは Aa から Caa まで、記号の後に、1〜3 の数字でさらに細かく分類。数字が大きくなると信用リスクは高くなる。

※ R&I、フィッチは AA から CC まで＋、−の記号をつけて分類。＋の記号は、信用リスクが低くなり、−の記号は高くなる。

※ S&P は AA から CCC まで、JCR は AA から B まで、＋、−の記号をつけて分類。

資先企業の財務健全性を確認する際に役に立ちます。

「投資先企業名」「格付」等でネット検索すれば調べることができますので、活用してみてください。

「死ぬまで持ちたい銘柄 17」の格付を確認

この章の最後に、「死ぬまで持ちたい銘柄 17」の格付を確認しておきましょう。各社とも、すべての格付会社から格付を得ているわけではありません。

また、欧米系の格付会社では、日本の格付機関よりも評価が厳しくなっているケースも多くあります。

なので、**複数の企業を比較する際は、欧米系か日本の格付機関かを確認して判断材料とするようにしてください。**

　見方を確認しましょう。**図2-7**で、東京海上HDはムーディーズで「Aa3」と格付されています。

　ダブルエー（Aa）の後ろに数字の3がついているように、ムーディーズは、記号の後ろに1〜3の数字がつけられるのです。ちなみに、3よりも1の方が格上。

図2-7 ● 死ぬまで持ちたい銘柄17の格付（2023年3月31日現在）

	格付会社				
	ムーディーズ	S&P	フィッチ	R&I	JCR
INPEX（1605）	A2	A−		AA	AA+
JT（2914）	A2	A+		AA	
花王（4452）				AA	
アステラス製薬（4503）	A3			AA	
大塚HD（4578）				AA−	
ブリヂストン（5108）	A2	A		AA+	AA+
コマツ（6301）	A2			AA−	
クボタ（6326）		A		AA−	
伊藤忠商事（8001）	A2	A		AA	AA+
三井物産（8031）		A		AA	
三菱商事（8058）	A2	A		AA	
三菱UFJ FG（8306）	A1	A−	A−	A+	AA−
三井住友FG（8316）	A1	A−	A−	A+	AA−
日本取引所G（8697）				AA+	
東京海上HD（8766）※	Aa3	A+		AA+	AAA
NTT（9432）	A1	A			AAA
KDDI（9433）				AA	

各社のホームページを参考に作成
※東京海上HDは便宜上、東京海上日動の格付を記載した

つまり、東京海上HDの1つ下の位は、シングルエー（A）の後ろに「1」がつく「A1」となるということ。

　またムーディーズ以外では、記号の後ろに「＋」「－」をつけることで、同じシングルエー（A）の中でも「A＋」「A」「A－」と3段階で評価できるようになっています。

　ちなみにこの場合、「A＋」が最も格付が高く、続いて「A」、その次が「A－」となります。

この章で伝えたいこと

- 企業の財務健全性を確認したい時は、自己資本比率を同業他社と比較しよう
- 売上高営業利益率で企業の競争力をチェックしよう
- 株価下落局面ではPBR（株価純資産倍率）を意識して底値の見当をつけよう
- ROE（自己資本利益率）、ROA（総資産利益率）、ROIC（投下資本利益率）は企業の資本効率を確認する指標と知っておこう
- VIX指数（恐怖指数）、Fear & Greed Index（恐怖と強欲の指数）で投資家の心理的な動きをチェックしよう
- EV/EBITDA倍率は、各企業のIR資料で見かけた時にチェックしてみよう
- 格付で財務健全性を確認してみよう

「決算短信1分間チェック法」からの「財務3表ココだけ分析」はなぜ最強なのか？

　第2章では、基本的な投資指標に加え、投資先企業のIR資料等でよく目にする指標を学びました。

　第3章では、四半期ごとに公表されている業績の推移を確認するための「決算短信」の見方や、注目すべきポイントを確認していきましょう。

　「決算短信とは何のことだろう」と思った読者も多いかもしれません。

　上場会社は、事業年度に係る決算の内容及び四半期累計期間に係る決算の内容が定まった場合は、直ちにその内容を開示することが義務づけられています。

　「決算短信」とは、その開示義務のある資料のことです。

　企業の業績内容が最も早く開示される資料なので、個人投資家の注目度も高く、決算発表時にはSNS等で話題となることもしばしば。

　すべてを読み込むのは骨が折れますが、先頭ページにあるサマリーの数字を見て、ざっくりと業績の推移を確認するだけでも価値があります。

　難しそうに見えるかもしれませんが、決算短信で公開されている数字の意味については、既に第2章で学んでいますし、じっくりと解説していきますので、恐れる必要はありません。

■ 決算短信で最初に確認する3つのポイント

　では早速、実際の決算短信を確認してみましょう。

　決算短信には、1年分の業績が記載された「決算短信」と、四半期（3ヶ月）ごとの業績が記載された「四半期決算短信」があります。

　ここでは、1年分が記載された決算短信を確認していきます。

　図3-1はNTTの決算短信サマリーです。先頭部分に記載されています。

　1枚のサマリーではありますが、投資の判断材料となる重要な情報が

図3-1 ● 決算短信サマリー

2021年度 決算短信〔IFRS〕（連結）

2022年5月12日

上場会社名	日本電信電話株式会社		上場取引所 東
コード番号	9432		URL https://group.ntt/jp/ir/
代表者	（役職名）	（氏名）	
問合せ先責任者	（役職名）	（氏名）	（TEL）
定時株主総会開催予定日	2022年6月24日	配当支払開始予定日	2022年6月27日
有価証券報告書提出予定日	2022年6月27日		

決算補足説明資料作成の有無：有
決算説明会開催の有無　　　：有（機関投資家・アナリスト向け）

（百万円未満四捨五入）

1. 2021年度の連結業績（2021年4月1日～2022年3月31日）

(1) 連結経営成績
（％表示は対前期増減率）

	営業収益 ①		営業利益 ②		税引前利益 ③		当社に帰属する当期利益 ④	
	百万円	％	百万円	％	百万円	％	百万円	％
2021年度	12,156,447	1.8	1,768,593	5.8	1,795,525	8.7	1,181,083	28.9
2020年度	11,943,966	0.4	1,671,391	7.0	1,652,575	5.3	916,181	7.1

（注）当社に帰属する包括利益 2021年度 1,373,364百万円（7.7%） 2020年度 1,275,214百万円（71.5%）

	基本的1株当当社に帰属する当期利益 ⑤	希薄化後1株当当社に帰属する当期利益 ⑥	株主資本当社に帰属する当期利益率 ⑦	総資産税引前利益率 ⑧	営業収益営業利益率 ⑨
	円 銭	円 銭	％	％	％
2021年度	329.29	－	14.9	7.7	14.5
2020年度	248.15	－	11.0	7.2	14.0

（参考）持分法による投資損益 2021年度 19,711百万円 2020年度 229百万円

(2) 連結財政状態

	総資産 ⑩	資本合計（純資産） ⑪	株主資本 ⑫	株主資本比率 ⑬	1株当り株主資本 ⑭
	百万円	百万円	百万円	％	円 銭
2021年度	23,862,241	9,018,132	8,282,456	34.7	2,338.73
2020年度	22,965,492	8,203,043	7,562,707	32.9	2,087.98

(3) 連結キャッシュ・フローの状況

	営業活動によるキャッシュ・フロー ⑮	投資活動によるキャッシュ・フロー ⑯	財務活動によるキャッシュ・フロー ⑰	現金及び現金同等物期末残高 ⑱
	百万円	百万円	百万円	百万円
2021年度	3,010,257	△1,699,152	△1,438,130	834,564
2020年度	3,009,064	△1,424,532	△1,689,548	935,727

2. 配当の状況

	年間配当金 ⑲					配当金総額（合計）	配当性向（連結） ⑳	株主資本配当率（連結）
	第1四半期末	第2四半期末	第3四半期末	期末	合計			
	円 銭	円 銭	円 銭	円 銭	円 銭	百万円	％	％
2020年度	－	50.00	－	55.00	105.00	385,008	42.3	5.0
2021年度	－	55.00	－	60.00	115.00	410,303	34.9	4.9
2022年度（予想）	－	60.00	－	60.00	120.00		35.3	

3. 2022年度の連結業績予想（2022年4月1日～2023年3月31日）

（％表示は対前期増減率）

	営業収益		営業利益		税引前利益		当社に帰属する当期利益		基本的1株当当社に帰属する当期利益 ㉑
	百万円	％	百万円	％	百万円	％	百万円	％	円 銭
通期	12,600,000	3.6	1,820,000	2.9	1,822,000	1.5	1,190,000	0.8	340.00

（注）当社は2022年5月12日開催の取締役会において、自己株式の取得について決議しました。2022年度の連結業績予想における「基本的1株当たり当社に帰属する当期利益」については、当該自己株式取得の影響を考慮しています。なお、当該自己株式の取得については、「(9)重要な後発事象」をご覧ください。

出典：NTT のホームページ

多く含まれています。

　まずは、決算短信サマリーで、ざっくりと確認しておきたい部分を紹介し、その上で個人投資家として押さえておきたい点を順番に一つひとつ確認していきましょう。

　決算短信サマリーで最低限確認しておきたいことは、**⑤に記載されているEPS（1株利益）の推移と、㉑に記載されている次年度の予想EPS、それに⑲に記載されている配当の推移です。**

1. まず⑤欄で、**今年度のEPSが前年度よりも成長しているか**を確認します。
2. 次に⑤欄で確認した今年度EPSよりも、㉑欄の次期予想EPSが成長しているかを確認します。
3. 最後に⑲欄で、**配当金が年々増加しているのか、減配となっていないか**を確認します。

　まずはこの3点だけ確認できるようになりましょう。
　細かい数字を確認するのは、決算短信を見るのに慣れてからで十分なので、最初から焦る必要はありません。

連結業績 ～今後のビジネスを占う成績表～

　それでは各項目を一つひとつ確認していきましょう。
　まずは、「1. 2021年度の連結業績」から。
　「(1) 連結経営成績」をご覧ください。この欄では、最新の業績が記載されています。

1. 2021年度の連結業績（2021年4月1日～2022年3月31日）
　(1) 連結経営成績　　　　　　　　　　　　　　　　　　　　　　　　　　　（％表示は対前期増）

	営業収益 ①		営業利益 ②		税引前利益 ③		当社に帰属する当期利益 ④	
	百万円	％	百万円	％	百万円	％	百万円	％
2021年度	12,156,447	1.8	1,768,593	5.8	1,795,525	8.7	1,181,083	28.9
2020年度	11,943,966	0.4	1,671,391	7.0	1,652,575	5.3	916,181	7.1

　（注）当社に帰属する包括利益　2021年度　1,373,364百万円 (7.7%)　2020年度　1,275,214百万円 (71.5%)

■ ①営業収益

①の欄には、企業の一般的な営業活動から得られた収入が記載されています。「営業収益」や「売上高」などと表記されます。

■ ②営業利益

②の欄には、①営業収益（売上高）から売上原価を差し引いて、さらに販売費や一般管理費を差し引いた金額が記載されます。

「営業利益」などと表記され、いわゆる本業により生み出された利益です。なお、②営業利益を①営業収益（売上高）で割り算することで、その企業の利益率が計算できます。

「売上高営業利益率」と表記されることの多いこの数字は、**同業他社と比較することによって競争力を測ることができるため、非常に役に立ちます。**

IR資料を見ていく中で、営業収益（売上高）と営業利益が出てきたら、利益率を計算する癖をつけておくといいでしょう。

■ ③税引前利益

③の欄には、②営業利益に営業外の収益・費用（利息の受取・支払、有価証券の売却損益など）を加減した金額が記載されます。

「税引前利益」「経常利益」などと表記され、**簡単にいえば事業全体で生み出された利益となります。**

■ ④当期利益

④の欄には、③税引前利益に特別利益（投資有価証券売却益など）を加え、それから特別損失、支払った税金を差し引いた金額が記載されています。

「当期利益」「四半期利益」などと表記され、平たくいうと、税金等をすべて支払った後に残る最終的な利益です。

各項目におけるパーセント（％）は、前年の同期と比較しての増減率で、△は前年比マイナスを意味します。

理想としては、①～④のいずれも前年比でプラスとなっている、つま

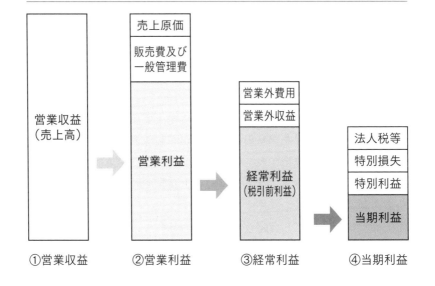

り成長している状態が好ましく、そのような状態にあればビジネスも上手くいっているという判断ができるでしょう。

　さらに前年度、前々年度と過去複数年にわたる推移を確認することで、より長期間の業績の推移が確認できます。

　多少めんどうに感じたかもしれませんが、単年度の業績ではなく、複数年の業績をチェックすることで投資の精度は向上しますので、**ここにひと手間かける価値は十二分にあるのです。**

	基本的1株当たり 当社に帰属する 当期利益 ⑤	希薄化後1株当たり 当社に帰属する 当期利益 ⑥	株主資本 当社に帰属する 当期利益率 ⑦	総資産 税引前利益率 ⑧	営業収益 営業利益率 ⑨
	円　銭	円　銭	％	％	％
2021年度	329.29	—	14.9	7.7	14.5
2020年度	248.15	—	11.0	7.2	14.0

（参考）持分法による投資損益　　2021年度　19,711百万円　2020年度　229百万円

■⑤１株当たりの当期利益

　⑤の欄には、１株当たりの当期利益が記載されています。

　前年度の１株利益に対して、今年はどの程度利益が伸長しているかを確認することで、ビジネスが順調であるのか、判断材料の一つとして使えます。

また、**次年度予想（㉑）と比較することで、今後、ビジネスが順調に進みそうかを確認することも可能です。**

■ ⑥希薄化後1株当たりの当期利益

⑥は希薄化後1株当たりの当期利益の記載欄です。

希薄化とは、新たに株式を発行することにより、1株当たりの利益が減少すること。

この欄では、ストックオプション等、潜在的な株式数の増加が見込まれる場合、それが考慮された数字が記載されます。

見込まれない場合は記載されません。

■ ⑦株主資本当期利益率

⑦の欄には、株主資本当期利益率が記載されます。

これは、株主資本がどの程度効率的に活用されているかの判断材料となります。

個人投資家の立場では、**第2章で学んだROE（自己資本利益率）とほぼ同じという認識で問題はないでしょう。**

■ ⑧総資産税引前利益率

⑧の欄には、総資産税引前利益率が記載されています。

こちらは、税引前利益を総資産で割り算したもので、**資産がどの程度効率的に活用されているかを判断する材料となります。**

税引前利益の代わりに税引後の当期純利益を総資産で割り算すると、第2章で学んだROA（総資産利益率）が算出されます。

■ ⑨営業収益営業利益率

⑨の欄には、営業収益営業利益率が記載されています。

営業収益（売上高）における利益がどの程度となっているか、**その利益率から企業の競争力を確認できます。**

営業収益営業利益率は、以下の計算式からも算出できます。

> 営業収益（売上高）営業利益率（％）
> ＝②営業利益÷①営業収益（売上高）× 100

次に、（2）連結財政状態を見ていきましょう。

(2) 連結財政状態	⑩	⑪	⑫	⑬	⑭
	総資産	資本合計（純資産）	株主資本	株主資本比率	1株当たり株主資本
	百万円	百万円	百万円	％	円 銭
2021年度	23,862,241	9,018,132	8,282,456	34.7	2,338.73
2020年度	22,965,492	8,203,043	7,562,707	32.9	2,087.98

■ ⑩総資産

⑩の欄には、総資産が記載されています。

総資産とは、資本（事業活動の元手となる資金）と負債（借入金等）の合計額を指します。

■ ⑪資本合計（純資産）

⑪の欄には、資本合計（純資産）が記載されています。

資本合計（純資産）とは、総資産から負債（借入金等）を控除した額となります。

■ ⑫株主資本

⑫の欄には、株主資本が記載されています。

株主資本とは、株主が保有する資産のことをいいます。

■ ⑬株主資本比率

⑬の欄には、株主資本比率が記載されています。

数字が高いほど財務健全性が高いとされ、以下の計算式で求めることができます。

$$⑬株主資本比率（\%）＝⑫株主資本÷⑩総資産×100$$

株主資本比率は業種により適正な水準が異なるため、**同一セクターの企業で比較することがポイントとなります。**

なお、「会社四季報」等の投資関連書籍では、自己資本比率と表記されていることが多いのですが、これは総資産における株主資本を含めた純資産全体の割合のこと。

自己資本比率は、以下の計算式で求めることができます。

$$自己資本比率（\%）＝⑪純資産÷⑩総資産×100$$

財務健全性を確認する時には、株主資本比率、自己資本比率のどちらを参考にしても、さしたる相違はありませんが、投資先企業を比較する時は同じ指標を用いて比較するようにしましょう。

■ ⑭ 1株当たり株主資本

⑭の欄には、1株当たり株主資本が記載されています。
「会社四季報」や投資雑誌等では、純資産をベースに算出されたBPS（1株当たり純資産）が掲載されていることが多いので、あわせて覚えておきましょう。
BPSについては、第2章で解説しています。

連結キャッシュ・フロー ～経営実態を把握する情報源～

続いて、（3）連結キャッシュ・フローの状況を見ていきましょう。

(3) 連結キャッシュ・フロー

	営業活動による⑮キャッシュ・フロー	投資活動による⑯キャッシュ・フロー	財務活動による⑰キャッシュ・フロー	現金及び現金同⑱期末残高
	百万円	百万円	百万円	百万円
2021年度	3,010,257	△1,699,152	△1,438,130	834,564
2020年度	3,009,064	△1,424,532	△1,689,548	935,727

「利益は意見だが、キャッシュは事実」という言葉があるように、会計上の利益は、経費等の解釈によって調整することが可能です。

しかし現金収支は、会社による解釈の入る余地がなく、経営の実態をごまかせない数字となります。

ですので、**個人投資家としては経営実態を把握する上で貴重な情報となります。**

■ ⑮営業活動によるキャッシュ・フロー

⑮の欄には、営業活動によるキャッシュ・フローが記載されています。キャッシュ・フローとは、キャッシュ・イン（会社に現金が入ってくる）からキャッシュ・アウト（会社から現金が出ていく）を差し引いた収支のこと。

営業活動によるキャッシュ・フローとは、本業でどれだけキャッシュを稼げたかを意味し、本業における現金収支を表しています。

ビジネスは1年単位で進められているわけではないので、単年度でのマイナスにはそこまで神経質になる必要はありません。

ただし、**仮にこの数字が何年もマイナスになっている状態であれば、経営が危険な状態にあることが多く、注意が必要です。**

■ ⑯投資活動によるキャッシュ・フロー

⑯の欄には、投資活動によるキャッシュ・フローが記載されています。事業を継続していくために固定資産を取得した場合、マイナスとなります。

そのため、将来の成長に向けて設備投資を積極的におこなっていると、マイナスが継続することになります。

ですが、設備投資をおこなわなくては将来の成長は見込めません。

なので、**投資活動によるキャッシュ・フローがマイナスとなっているのは健全な経営状況であり、必ずしも悪いことではないのです。**

他の視点としては、利益水準に対して相対的に設備投資額が大きくなる業種とそうでない業種があります。

たとえば、トヨタやホンダ等の自動車メーカーは、多額の設備投資が必要となります。

その一方で、たばこメーカーであるJTの設備投資額は、その利益水準に対して相対的に少額で済んでいます。

キャッシュを稼ぐのにあらたな設備投資を必要としないということは、安定的なキャッシュ・フローを見込むことができるということなのです。

■ ⑰財務活動によるキャッシュ・フロー

　⑰の欄には、財務活動によるキャッシュ・フローが記載されています。借入れや投資家からの出資などの資金調達をおこなった時にはプラスとなり、配当金等の支払いでマイナスとなります。

　健全な財務状況を維持している企業は配当をしっかりと出しますので、**概ねマイナスとなっていることが多いと認識しておきましょう。**

■ ⑱現金及び現金同等物期末残高

　⑱の欄には、現金及び現金同等物期末残高が記載されています。

　現金をどの程度保有しているかについては、**機動的な経営が可能な状態にあるのか、また、経営破綻の心配はないのか等を確認する上で、判断材料の一つとなります。**

　なお、ここでいう現金同等物とは、容易に換金可能であり、かつ、わずかな価値変動リスクのみを負う短期投資を指します。

　具体的には、「取得日から満期日又は償還日までの期間が３ヶ月以内の短期投資である定期預金」「譲渡性預金」「コマーシャル・ペーパー（短期の無担保約束手形）」「公社債投資信託」等のことをいいます。

2. 配当の状況

	年間配当金 ⑲					配当金総額 (合計)	⑳ 配当性向 (連結)	株主資本配当率 (連結)
	第1四半期末	第2四半期末	第3四半期末	期末	合計			
	円 銭	円 銭	円 銭	円 銭	円 銭	百万円	％	％
2020年度	－	50.00	－	55.00	105.00	385,008	42.3	5.0
2021年度	－	55.00	－	60.00	115.00	410,303	34.9	4.9
2022年度（予想）	－	60.00	－	60.00	120.00		35.3	

■ ⑲年間配当金

　⑲の欄には、年間配当金が記載されています。

　配当金が減配されていないか、着実に増配されているかを確認しましょう。

⑳の欄には、配当性向が記載されています。

配当性向とは、「純利益の中からどれだけの割合を配当したか」を示す指標。

この割合が高いと増配余力は少なくなり、この割合が低いほどに増配余力が多くなります。

たとえば、EPSが100円で配当性向が20%の企業へ投資していれば、20円が配当されることになります。

企業が配当政策を変更し、配当性向が40%になれば、40円が配当されることになります。

つまり、**配当性向が低い企業は、配当性向を引き上げて増配する余地があることを意味しているのです。**

また、その反対に**配当性向が高くなりすぎている場合は、要注意でしょう。**業績が悪化しているケースも多く、今後の減配も可能性として留意しておく必要があります。

たとえば、EPSが100円で配当性向が80%の企業へ投資したとしましょう。

その場合、配当は80円となりますが、業績が悪化してEPSが60円となったとすると、配当性向は130%を超えることになります。

利益以上に配当を出す場合もありますが、通常何年も続きません。

この場合、配当性向を下げるために減配するケースが多いことを覚えておきましょう。

なお、EPSを上回る配当を出すことは、これまで積み上げてきた資産からの配当金の拠出を意味し、タコが自分の足を食べるのになぞらえて「タコ足配当」と呼ばれています。

3. 2022年度の連結業績予想（2022年4月1日〜2023年3月31日）

(%表示は対前期増〈21〉)

	営業収益		営業利益		税引前利益		当社に帰属する当期利益		基本的1株当当社に帰属する当期利益
通期	百万円 12,600,000	% 3.6	百万円 1,820,000	% 2.9	百万円 1,822,000	% 1.5	百万円 1,190,000	% 0.8	円 銭 340.00

(注) 当社は2022年5月12日開催の取締役会において、自己株式の取得について決議しています。2022年度の連結業績予想における「基本的1株当たり当社に帰属する当期利益」については、当該自己株式取得の影響を考慮しています。なお、当該自己株式の取得については、「(9)重要な後発事象」をご覧ください。

図3-3 ● 配当性向について

EPS 100円、
配当性向 20%のケース

EPS 100円、
配当性向 80%のケース

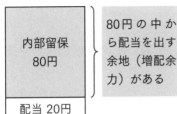

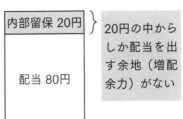

$$\frac{配当 \quad 20円}{EPS \quad 100円} \quad = \quad 20\%$$

（配当性向）

$$\frac{配当 \quad 80円}{EPS \quad 100円} \quad = \quad 80\%$$

（配当性向）

■ ㉑次期予想 EPS

㉑の欄には、次期予想 EPS が記載されます。

前述のとおり、今期 EPS と比較して業績が伸びているかを確認しましょう。

決算短信サマリーは「習うより慣れよ」

「決算短信サマリーって、確認事項が多すぎる……」

と、その情報量に圧倒されてしまった読者も多いかと思います。

けれど、**「習うより慣れよ」**です。

今後、保有株の決算が発表された時に都度確認していくという作業が、みなさんの投資家としての練度を高めてくれるでしょう。

じっくりと長い時間をかけて習得していってください。

とはいえ、すべての項目を確認するのは億劫という方は、優先順位を

つけて確認していくといいでしょう。

　冒頭でも記載しましたが、最初に確認したいポイントは以下の３点です。

1. ⑤欄で、今年度の EPS が前年度よりも成長しているか。
2. ⑤欄で確認した今年度 EPS よりも、㉑欄の次期予想 EPS が成長しているか。
3. ⑲欄で、配当金が年々増加しているのか、減配となっていないか。

　まずは、利益成長しているかを確認するため、EPS の推移を。それと同時に、配当金が増配となっているかもチェックしましょう。

　EPS と配当は株価に与える影響が大きく、最初に確認しておきたいポイントです。

　繰り返しになりますが、**まずは３つのポイントの数字の意味を理解して、各社の決算短信サマリーを確認していきましょう。**

　この３点を把握しているだけで、投資の精度に相当な違いがでてきます。ここを押さえた上で、決算短信を確認するのに違和感がなくなってから、残りの部分を確認していくというスタンスでも、何ら問題はありません。

　最も大切なのは、**「ゆっくりでも、地道に学び続ける」** こと。

　長く続けていれば、成果は自ずとついてくるもの。焦る必要はありません。

■ **EPS と配当をチェックした後は？**

　先ほどの１〜３のポイントにあった EPS と配当の次に確認しておきたいのが、以下の点です。

4. ①欄の営業収益（売上高）と②欄の営業利益が**増加（成長）しているか。**
5. 営業収益（売上高）営業利益率（②÷①）が**維持できているか。**
6. ⑬欄の株主資本（自己資本）比率は、**同業他社と比べて高いか。**
7. ⑮欄の営業活動によるキャッシュ・フローは、**プラスか。**

8. ⑳欄の配当性向は**高くなりすぎていないか。**

　このくらいまで確認できれば、定量的な業績の概要はつかめるはずです。

　慣れてくれば、1〜8を確認するのに1分もかからなくなるでしょう。

　1分間で得られる投資情報で、これ以上に有益なものは存在しないといっても過言ではありません。ぜひ活用してください。

財務3表から投資先企業の経営実態を把握しよう

　株式投資を始めてみると、しばしば**「財務3表」**という文言を目にするのではないでしょうか。

　財務3表とは、投資先企業の経営状況や財政状況が記載されている財務諸表の中で、とくに重要な3つの表、すなわち

1. **貸借対照表（B/S：Balance Sheet）**
2. **損益計算書（P/L：Profit and Loss Statement）**
3. **キャッシュ・フロー計算書（C/S：Cash Flow Statement）**

のことを指します。

　決算短信を違和感なく読みこなせるようになり、「もっと詳細を確認していきたい！」という方は、財務3表にも挑戦してみましょう。

　投資先企業の財務3表を確認して、その意味を理解した上で投資判断に活用できるようになれば、**上級者の領域に足を踏み入れたと考えて差し支えありません。**

　正直な話をすると、専業投資家でもない限り、財務3表まで確認しなくても資産運用はできますし、これまで紹介してきたポイントを押さえた投資ができていれば、長期的な資産形成を進めていく上ではまったく問題ありません。

まずは、**基本である決算短信のサマリー（前述の３つのポイント）をしっかりと理解して、使いこなせるようになることを優先させてください。**

1 貸借対照表（B/S）〜構造さえ分かれば簡単に読み取れる〜

　それでは、まず貸借対照表（B/S：Balance Sheet）から学んでいきましょう。

　貸借対照表には、ある時点において、企業が事業をおこなっていく上で利用している資金の調達状況と、その資金がどのような資産（ビジネスを展開する上で必要な資産）に投下されているかという運用形態が、左右対称に記載されています。

　図3-4をご覧ください。右側には資金の調達状況が記載されています。

　負債とは、銀行からの借り入れ等、返済義務がある資金のこと。

　純資産とは、株主からの出資金等、返済義務のない資金を指します。

　左側には企業が資金を投下している具体的な資産の内容（現金預金、商品、生産設備等）が記載されており、調達した資金の運用形態が記載されています。

図3-4 ● 貸借対照表（B/S）

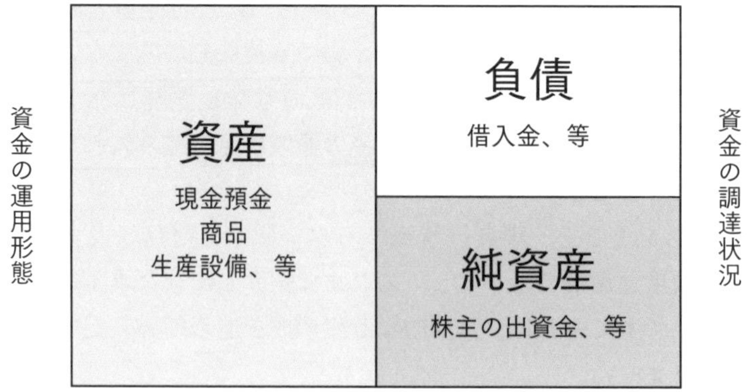

資金の運用形態

資産
現金預金
商品
生産設備、等

負債
借入金、等

純資産
株主の出資金、等

資金の調達状況

貸借対照表はバランスシートとも呼ばれています。バランスとは残高を意味し、左右で合計額が一致する構造となっているのが特徴です。

つまり、**左側に記載されている資産の合計額と、右側に記載されている負債と純資産との合計額は必ず一致するのです。**

■ 最初に押さえたい2つのポイント

それでは実際に、決算短信に掲載されている貸借対照表（B/S）を確認していきましょう。

図3-5はNTTの決算短信における「資産の部」です。先ほどの**図3-4**の左側の部分にあたります。

細かい数字が並んでいて、うんざりする方もいるかもしれません。

ですが、**個人投資家として最初に知っておきたいポイントは、「流動資産」「非流動資産」の2点だけです。**

図3-5 ● 貸借対照表（B/S）の左側（資産の部）

日本電信電話株式会社（9432）　2021年度　決算短信

3. 連結財務諸表及び主な注記
(1) 連結財政状態計算書

（単位：百万円）

	前連結会計年度末 （2021年3月31日）	当連結会計年度末 （2022年3月31日）	増 減（△）
（資産の部）			
流動資産			
現金及び現金同等物	935,727	834,564	△101,163
営業債権及びその他の債権	3,534,555	3,604,959	70,404
その他の金融資産	41,732	88,441	46,709
棚卸資産	315,437	408,362	92,925
その他の流動資産	498,106	574,922	76,816
小計	5,325,557	5,511,248	185,691
売却目的で保有する資産	816	205,344	204,528
流動資産合計	5,326,373	5,716,592	390,219
非流動資産			
有形固定資産	9,282,286	9,326,888	44,602
使用権資産	639,627	694,612	54,985
のれん	1,056,187	1,213,009	156,822
無形資産	1,765,858	1,951,824	185,966
投資不動産	1,182,713	1,236,490	53,777
持分法で会計処理されている投資	411,033	429,806	18,773
その他の金融資産	1,515,922	1,426,157	△89,765
繰延税金資産	993,858	970,432	△23,426
その他の非流動資産	791,635	896,431	104,796
非流動資産合計	17,639,119	18,145,649	506,530
資産合計	22,965,492	23,862,241	896,749

出典：NTTのホームページ

流動資産とは、１年以内に現金化できる資産のこと。

非流動資産とは１年を超えて保有する資産で、固定資産とも呼ばれています。

最初はこの概念を意識していれば十分です。

貸借対照表（B/S）に目を通すのが億劫でなくなれば、もう少しだけ踏み込んで確認しておくと役立つ勘定科目があります。

それは、**「現金及び現金同等物」**と**「棚卸資産」**です。

「現金及び現金同等物」は、前述の決算短信サマリーに出てきた⑱の項目と合致します。

現金余力を維持することは、個人投資家として極めて重要ですが、企業経営においてはそれ以上に重要なのです。

なぜなら、決済資金（現金）が不足することによって不渡り（手形や小切手が決済できないこと）を出してしまうと、社会的信用を著しく失ってしまうのです。

ちなみに、**半年間に２回の不渡りを出すと、銀行との取引が停止されるため、事実上の倒産に陥ります。**

決算上は黒字であったとしても、現金がないために倒産する。これは黒字倒産と呼ばれています。

黒字倒産は実際にしばしば発生しており、読者のみなさんも新聞等で、一度はこの言葉を見かけたことがあるのではないでしょうか。

次に、「棚卸資産」です。

棚卸資産とは、いわゆる在庫のこと。企業が販売する目的で、一時的に保有している商品や原材料のことをいいます。

棚卸資産は在庫切れ等を防ぎ、ビジネスを円滑におこなうために一定程度は必要です。

しかしながら、必要以上に在庫をかかえると、商品が劣化したり、その商品自体が時代遅れとなったりして商品が売れなくなってしまうこともあります。

その企業のビジネスの拡大と比較して、**棚卸資産が急激に増えている場合は注意が必要でしょう。**

読者のみなさんも、様々なお店で決算前に在庫一掃セールをおこなっ

ているのを見たことがあると思います。

　これは不良在庫となることを防ぎ、少しでもキャッシュ・インを増やすという側面もありますが、会計上の税負担を減らせるというメリットもあるのです。

　以下、その仕組みについて話をしますが、少し複雑になるため読み飛ばしてもまったく問題ありません。

　気になった時、理屈が知りたくなった時にあらためて読み返してみてください。

■ 在庫一掃セールの仕組み

　売上高から売上原価を差し引いた金額を、粗利（売上総利益）と呼んでいます。

　また、売上原価は実際に売れた商品にかかった仕入費用等となるため、在庫分は計上されません。

　そして、この粗利（売上総利益）から販管費等が引かれた上で課税対象となる税引前利益が算出されるため、在庫をさばいて売上原価を増やすことで粗利を減らし、税負担も軽減されるという仕組みです。

　とっつきにくい言葉が並んでいますが、端的にいうと、**費用（売上原価）が多くかかっているので、税負担も減らしてくださいね、**ということになります。

　なお、粗利（売上総利益）については次の計算式で求めることができます。

> 粗利（売上総利益）＝売上高－売上原価（※）

（※）売上原価＝期首在庫＋仕入原価－期末在庫

　決算前の在庫（期末在庫）を減らすことで、費用計上できる売上原価が大きくなり、課税対象となる粗利（売上総利益）が減少することから、税負担が軽減される仕組みが読み取れます。

■ 負債・純資産

　次に貸借対照表（B/S）の右側に記載されている、負債・純資産を確

認していきましょう。

　右側には資金の調達状況が記載され、負債には返済義務がある一方、純資産には返済義務がありません。

　図3-6は、NTTの決算短信における「負債及び資本の部」です。

　個人投資家として最初に知っておきたいポイントは「流動負債」「非流動負債」「資本」の3つのみです。

「流動負債」とは、1年以内に返済が予定されている負債のこと。

「非流動負債」とは、1年を超えて返済が予定されている負債のこと。固定負債とも呼ばれています。

図3-6 ● 貸借対照表（B/S）の右側（負債及び資本の部）

日本電信電話株式会社（9432）　2021年度　決算短信

（単位：百万円）

	前連結会計年度末 （2021年3月31日）	当連結会計年度末 （2022年3月31日）	増 減（△）
（負債及び資本の部）			
流動負債			
短期借入債務	3,168,613	1,646,806	△1,521,807
営業債務及びその他の債務	2,356,705	2,500,341	143,636
リース負債	193,915	189,495	△4,420
その他の金融負債	28,334	29,566	1,232
未払人件費	509,416	544,455	35,039
未払法人税等	115,965	210,964	94,999
その他の流動負債	1,053,196	1,129,851	76,655
小計	7,426,144	6,251,478	△1,174,666
売却目的で保有する資産に直接関連する負債	18	7,161	7,143
流動負債合計	7,426,162	6,258,639	△1,167,523
非流動負債			
長期借入債務	4,455,724	5,717,465	1,261,741
リース負債	553,836	655,729	101,893
その他の金融負債	137,620	135,686	△1,934
確定給付負債	1,731,645	1,561,049	△170,596
繰延税金負債	81,420	137,474	56,054
その他の非流動負債	376,042	378,067	2,025
非流動負債合計	7,336,287	8,585,470	1,249,183
負債合計	14,762,449	14,844,109	81,660
資本			
株主資本			
資本金	937,950	937,950	—
利益剰余金	7,068,008	7,293,915	225,907
自己株式	△704,793	△226,459	478,334
その他の資本の構成要素	261,542	277,050	15,508
株主資本合計	7,562,707	8,282,456	719,749
非支配持分	640,336	735,676	95,340
資本合計	8,203,043	9,018,132	815,089
負債及び資本合計	22,965,492	23,862,241	896,749

出典：NTTのホームページ

「資本」とは、返済義務のない資金。純資産とも呼ばれています。

最初は、上記の概念をなんとなくつかむ程度で十分です。

また、繰り返しになりますが、財務3表を確認するのが煩わしいようであれば、読み飛ばしてもかまいません。

ここまで理解しなくても長期配当投資は可能であり、また、成果を上げることもできます。

■ 流動比率

さて、これで、貸借対照表の基礎となる概念を学ぶことができました。次に、具体的な活用例としてよく使用されている指標を一つ紹介しておきたいと思います。

それは「流動比率」という指標で、**短期の負債に対する企業の支払い能力を確認するために用います。**

1年以内に現金化することができる資産である流動資産と、1年以内に返済が予定されている流動負債を比較し、以下の計算式で求めることができます。

流動比率（％）＝流動資産÷流動負債× 100

なお、一般的には流動比率は200％を超えていることが好ましいとされていますが、業種や事業形態により異なるため、同業他社と比較して分析することが必要です。

② 損益計算書 〜投資の判断材料となる 企業の「成績表」〜

続いて、損益計算書（P/L：Profit and Loss Statement）を確認していきましょう。

損益計算書（P/L）については、前述、決算短信の①〜④のところで説明したP116 **図3-2**をあらためてご覧ください。

単純化すると、**売上から費用と税金を引いていくら利益が残りました**、という話になります。

図3-7 ● 損益計算書（P/L）の構造

損益計算書（P/L）
売上高
売上原価
1. 売上総利益
販売費及び一般管理費
2. 営業利益
営業外収益
営業外費用
3. 経常利益
特別利益
特別損失
4. 税引前当期純利益
法人税等
5. 当期純利益

　決算短信の①〜④と同様の内容となりますが、あらためて一般的な考え方を紹介しておきます。

　それぞれの算出方法は以下のとおり。

1. 売上高－売上原価＝売上総利益
2. 売上総利益－販売費及び一般管理費＝営業利益
3. 営業利益＋営業外収益－営業外費用＝経常利益
4. 経常利益＋特別利益－特別損失＝税引前当期純利益
5. 税引前当期純利益－法人税等＝当期純利益

　個人投資家としての視点では、売上の伸長に対して費用がかかりすぎていないか、利益率がどの程度となっているか等を確認して、投資判断の材料の一つとして活用することができます。

図3-8 ● 損益計算書（P/L）

日本電信電話株式会社（9432）　2021年度　決算短信

（2）連結損益計算書及び連結包括利益計算書
【連結損益計算書】

（単位：百万円）

	前連結会計年度 （2020年4月 1日から 2021年3月31日まで）	当連結会計年度 （2021年4月 1日から 2022年3月31日まで）	増 減（△）
営業収益	11,943,966	12,156,447	212,481
営業費用			
人件費	2,461,410	2,566,127	104,717
経費	5,875,302	5,839,441	△35,861
減価償却費	1,507,153	1,561,183	54,030
固定資産除却費	156,869	132,073	△24,796
減損損失			
のれん	2,702	228	△2,474
その他	22,997	37,824	14,827
租税公課	246,142	250,978	4,836
営業費用合計	10,272,575	10,387,854	115,279
営業利益	1,671,391	1,768,593	97,202
金融収益	31,785	63,471	31,686
金融費用	50,830	56,250	5,420
持分法による投資損益	229	19,711	19,482
税引前利益	1,652,575	1,795,525	142,950
法人税等	524,719	539,531	14,812
当期利益	1,127,856	1,255,994	128,138
当社に帰属する当期利益	916,181	1,181,083	264,902
非支配持分に帰属する当期利益	211,675	74,911	△136,764
当社に帰属する1株当たり当期利益			
基本的1株当たり当期利益（円）	248.15	329.29	

出典：NTT のホームページ

---

③　キャッシュ・フロー計算書 ～損益計算書などで追えない お金の流れを補う～

最後に、キャッシュ・フロー計算書（C/S：Cash Flow Statement）を確認していきましょう。

キャッシュ・フロー計算書（C/S）とは、**会社のお金の流れを営業活動・投資活動・財務活動ごとに区分して記載された表のこと。**

各区分におけるキャッシュ・フローの意味については、前述、決算短信サマリーの⑮〜⑱で説明済みですので、ここでは構造と活用方法を確認していきましょう。

図3-9 をご覧ください。キャッシュ・フロー計算書（C/S）の構造

図3-9 ● キャッシュ・フロー計算書（C/S）の構造

キャッシュ・フロー計算書（C/S）
1. 営業活動によるキャッシュ・フロー
2. 投資活動によるキャッシュ・フロー
3. 財務活動によるキャッシュ・フロー
4. 現金及び現金同等物期末残高

図3-10 ● キャッシュ・フロー確認時のポイント

	営業キャッシュ・フロー	投資キャッシュ・フロー	財務キャッシュ・フロー
優良企業	プラス	マイナス	マイナス
懸念企業	マイナス	プラス	プラス

で、それぞれの項目で、プラス（キャッシュ・イン）とマイナス（キャッシュ・アウト）が発生します。

1〜3までのお金の流れ（キャッシュ・フロー）を経て、キャッシュが手元にいくら残っているかが最下段に記載されます。

業績が堅調な企業は、本業でしっかりと稼ぐため、**「1. 営業活動によるキャッシュ・フロー」はプラス**になります。

そういう企業は、事業成長のために投資をおこなうことから、**「2. 投資活動によるキャッシュ・フロー」はマイナス**に。

そして、配当をしっかりと出すことから、**「3. 財務活動によるキャッシュ・フロー」はマイナス**となる傾向にあります。

逆に業績が悪化している時には、「1. 営業活動によるキャッシュ・フロー」は本業で利益を上げられないため、**マイナス**になります。「2. 投資活動によるキャッシュ・フロー」は、赤字穴埋めのための資産売却等で**プラス**となり、「3. 財務活動によるキャッシュ・フロー」も、赤字穴埋めのための借入金増加等で**プラス**になるケースが多く見られます。

とくに「1. 営業活動によるキャッシュ・フロー」が何年もマイナス

図3-11 ● キャッシュ・フロー計算書（C/S）

日本電信電話株式会社（9432）　2021年度　決算短信

（4）連結キャッシュ・フロー計算書

（単位：百万円）

	前連結会計年度 （2020年4月 1日から 2021年3月31日まで）	当連結会計年度 （2021年4月 1日から 2022年3月31日まで）	増　減（△）
営業活動によるキャッシュ・フロー			
当期利益	1,127,856	1,255,994	128,138
減価償却費	1,507,153	1,561,183	54,030
減損損失	25,699	38,052	12,353
持分法による投資損益（△は益）	△229	△19,711	△19,482
固定資産除却損	79,873	60,936	△18,937
固定資産売却益	△12,308	△30,208	△17,900
法人税等	524,719	539,531	14,812
営業債権及びその他の債権の増減（△は増加額）	24,097	828	△23,269
棚卸資産の増減（△は増加額）	△64,263	△86,559	△22,296
その他の流動資産の増減（△は増加額）	△48,086	△10,421	37,665
営業債務及びその他の債務・未払人件費の増減（△は減少額）	270,146	137,551	△132,595
その他の流動負債の増減（△は減少額）	50,690	37,198	△13,492
確定給付負債の増減（△は減少額）	△17,727	△15,936	1,791
その他の非流動負債の増減（△は減少額）	39,408	5,304	△34,104
その他	△2,413	△61,066	△58,653
小計	3,504,615	3,412,676	△91,939
利息及び配当金の受取額	70,636	79,703	9,067
利息の支払額	△41,856	△47,858	△6,002
法人税等の支払額	△524,331	△434,264	90,067
営業活動によるキャッシュ・フロー	3,009,064	3,010,257	1,193

（単位：百万円）

	前連結会計年度 （2020年4月 1日から 2021年3月31日まで）	当連結会計年度 （2021年4月 1日から 2022年3月31日まで）	増　減（△）
投資活動によるキャッシュ・フロー			
有形固定資産・無形資産及び投資不動産の取得による支出	△1,795,430	△1,758,045	37,385
政府補助金による収入	266	38,110	37,844
投資の取得による支出	△375,161	△125,838	249,323
投資の売却または償還による収入	41,974	187,198	145,224
子会社の支配喪失による収入	57,127	15,936	△41,191
子会社の支配獲得による支出	△30,755	△121,747	△90,992
貸付金の収支（△は支出）	672,683	26,343	△646,340
その他	4,764	38,891	34,127
投資活動によるキャッシュ・フロー	△1,424,532	△1,699,152	△274,620
財務活動によるキャッシュ・フロー			
短期借入債務の収支（△は支出）	1,165,623	△1,860,107	△3,025,730
長期借入債務の増加による収入	2,674,593	1,716,162	△958,431
長期借入債務の返済による支出	△524,880	△401,905	122,975
リース負債の返済による支出	△195,783	△208,232	△12,449
非支配持分からの子会社持分取得による支出	△4,249,407	△16,791	4,232,616
配当金の支払額	△358,470	△396,963	△38,493
非支配持分への配当金の支払額	△152,275	△17,485	134,790
自己株式の取得による支出	△250,244	△253,685	△3,411
自己株式の売却による収入	200,026	58	△199,968
その他	1,269	818	△451
財務活動によるキャッシュ・フロー	△1,689,548	△1,438,130	251,418
現金及び現金同等物に係る換算差額	7,169	25,862	18,693
現金及び現金同等物の増減額（△は減少額）	△97,847	△101,163	△3,316
現金及び現金同等物の期首残高	1,033,574	935,727	△97,847
現金及び現金同等物の期末残高	935,727	834,564	△101,163

出典：NTTのホームページ

となっている場合は、**本業で赤字続きであることを意味するため、最大限の警戒が必要です。**

　なお、みなさんもよく耳にするフリー・キャッシュフロー（FCF）とは、企業が自由に使えるお金のことで、配当や新たな投資の原資となります。

　フリー・キャッシュフローが毎年プラスとなっていれば、経営状態は良好といえるでしょう。

　なお、フリー・キャッシュフローとは、「1. 営業活動によるキャッシュ・フロー」と「2. 投資活動によるキャッシュ・フロー」を合計した金額のことをいいます。

この章で伝えたいこと

- 決算短信サマリーでは、まずEPS（1株利益）と配当の推移を読み、成長しているかを確認しよう
- 営業収益（売上高）と営業利益が成長しているかを確認しよう
- 営業収益（売上高）営業利益率が維持できているかを確認しよう
- 売上高営業利益率（％）＝営業利益÷売上高×100
- 自己資本（株主資本）比率が同業他社と比べ高いかを確認しよう
- 自己資本比率（％）＝純資産÷総資産×100
- 営業活動によるキャッシュ・フローがプラスとなっているか確認しよう
- 配当性向は高くなりすぎていないかを確認しよう

「死ぬまで持ちたい銘柄17」をベースに読み解く有価証券報告書の超速チェック法

　ここまで読み進めたみなさんは、投資判断をおこなう際のモノサシとなる投資指標や、企業経営が健全におこなわれているかを確認するための財務諸表の読み解き方を学びました。

　第4章では、前書で紹介した「死ぬまで持ちたい銘柄17」について、本書で学んだ指標等を活用しながら、経営状況を確認していきます。

　慣れるまでは理解するのに多少の時間を要するかもしれませんが、何度も読んでいると、次第に違和感もなくなってスラスラと頭に入ってきます。なので、焦らずに少しずつ学んでいってください。

■ 複数年の業績を把握したいなら

　経営状況をチェックする際は、直近1年だけで判断するよりも、過去数年の推移を確認した方が精度の高い判断ができます。

　なぜなら、業績が伸びているのか、停滞しているのかの傾向がきちんとつかめるからです。

　第3章で学んだ決算短信では、前年度との比較となっており、情報の速報性はあるものの、複数年度の業績を把握するためには各年度の情報をつなぎあわせていく必要があります。

　このような丁寧な作業を積み重ねることで理解が深まるという利点もあります。

　ですが、時間がかかるという側面もまた存在します。

　そこで、**一括して情報を確認したい場合は、「有価証券報告書」を活用しましょう。**

　有価証券報告書は、ネットで「企業名」「有価証券報告書」等をキーワードに検索をかければすぐに出てきますし、金融庁のEDINETサイトからも閲覧可能です。

　この有価証券報告書は、金融商品取引法で開示が義務付けられている、法定開示資料となります。

事業年度終了後3ヶ月以内に提出する義務があり、3月決算の会社なら6月末日が提出期限となります。

　ちなみに決算短信は、証券取引所の上場規程により開示が義務付けられている資料です。

　事業年度又は連結会計年度に係る決算については、遅くとも決算期末後45日以内に開示をおこなうことが適当であり、30日以内の開示が、より望ましいとされています。

　有価証券報告書も、決算短信同様に作成のルールがありますので、一度読み解き方を覚えてしまえば、今後、株式投資をおこなっていく上で活用し続けることができます。

　ポイントだけでも理解できるようになりましょう。

■ 有価証券報告書の見方

　それでは具体的に見てみましょう。

　有価証券報告書の情報量は膨大ですが、ポイントとなる経営指標の一覧は、表紙、目次の後にある最初のページ（第一部【企業情報】第1【企業の概況】）に記載されています。

　このページに目を通せば、過去5年分の必要なデータを確認することができます。

　図4-1はNTTの有価証券報告書の一部抜粋資料です。「①営業収益（売上高）」「②税引前利益」「③EPS（1株利益）」「④株主（自己）資本比率」「⑤ROE（株主〈自己〉資本利益率）」「⑥営業活動によるキャッシュ・フロー」「⑦現金及び現金同等物の期末残高」など、投資判断に必要な経営状況の推移を確認することができます。

　また、最近では、数多くの企業が個人投資家向けの情報発信に積極的になってきていて、スライド資料を用いて業績の推移を説明しているケースも増えてきました。

　こういった資料を活用するのもよいでしょう。

　大切なのは、「必要な情報を得られるかどうか」です。

　色々と試して、自分に合った情報収集の方法を模索してみてください。

図4-1 ● NTT 有価証券報告書の一部抜粋資料

第一部【企業情報】

第1【企業の概況】

1【主要な経営指標等の推移】

(1) 連結経営指標等

回次		IFRS（国際会計基準）				
		第33期	第34期	第35期	第36期	第37期
決算年月		2018年3月	2019年3月	2020年3月	2021年3月	2022年3月
営業収益	百万円	11,782,148	11,879,842	11,899,415	11,943,966	12,156,447
税引前利益	百万円	1,740,479	1,671,861	1,570,141	1,652,575	1,795,525
当社に帰属する当期利益	百万円	897,887	854,561	855,306	916,181	1,181,083
当社に帰属する当期包括利益	百万円	950,302	826,154	743,451	1,275,214	1,373,364
株主資本	百万円	9,050,358	9,264,913	9,061,103	7,562,707	8,282,456
総資産額	百万円	21,541,444	22,295,146	23,014,133	22,965,492	23,862,241
1株当たり株主資本	円	2,295.79	2,416.01	2,492.60	2,087.98	2,338.73
基本的1株当たり当社に帰属する当期利益	円	224.93	220.13	231.21	248.15	329.29
希薄化後1株当たり当社に帰属する当期利益	円	−	−	−	−	−
株主資本比率	％	42.0	41.6	39.4	32.9	34.7
株主資本当社に帰属する当期利益率	％	10.2	9.3	9.3	11.0	14.9
株価収益率	倍	10.9	10.7	11.1	11.5	10.8
営業活動によるキャッシュ・フロー	百万円	2,541,270	2,406,157	2,995,211	3,009,064	3,010,257
投資活動によるキャッシュ・フロー	百万円	△1,746,185	△1,774,136	△1,852,727	△1,424,532	△1,699,152
財務活動によるキャッシュ・フロー	百万円	△968,279	△584,266	△1,041,261	△1,689,548	△1,438,130
現金及び現金同等物の期末残高	百万円	895,003	946,134	1,033,574	935,727	834,564
従業員数〔外、平均臨時従業員数〕	人	284,544〔80,481〕	307,894〔62,805〕	319,039〔51,787〕	324,667〔47,149〕	333,840〔44,343〕

出典：NTT の有価証券報告書

　INPEX に限り、有価証券報告書から抽出したデータをまとめた経営指標等の一覧表とあわせ、有価証券報告書を抜粋して、具体的にどの部分から数字を拾っているのかを掲載しました。

　何がどこに記載されているのかを一つひとつ確認していくことで、本書で紹介した銘柄にとどまらず、自分が興味を持っている銘柄においても同様の分析ができるようになるはずです。

　最初は理解できないことが多いかもしれませんが、費やした時間や努力は決してムダになりません。

　有効に活用できるようになる日が、必ずやってきます。

　焦らずにゆっくりと理解を深めていきましょう。

一つ、留意していただきたいことがあります。

経営指標等の一覧表には「1株当たり配当額」を記載していますが、本書での有価証券報告書の一部抜粋資料には記載がありません。

実際の有価証券報告書での「1株当たり配当額」については、多くの企業で「(1) 連結経営指標等」のページの次に「(2) 提出会社の経営指標等」というページがあり、そこに記載されています。

ご自身で調べたい企業の有価証券報告書を確認する際は、この点に留意してください。なお、本書では、株式分割のあった銘柄は分割調整後の数字を掲載しています。

それでは、永久保有17銘柄のデータを確認していきましょう。

INPEX ～「不安定」を逆手にとって儲ける手法は？～

INPEXは、日本株33業種分類では鉱業に属し、エネルギー資源セクターに分類されます。

図4-2をご覧ください。有価証券報告書、その他の資料からデータをピックアップして一覧表にしています。**図4-3**には、INPEXの有価証券報告書の一部抜粋を掲載してあります。

有価証券報告書からデータを抜き出し、**図4-2**を作成しているので、どこにどのような情報が記載されているのかを確認しておきましょう。ちなみにデータは、2023年3月末時点で確認できた最新の有価証券報告書の数値となっています。

以降の企業については、ご自身で有価証券報告書にあたってみてください。また、INPEXは2019年に決算月を3月から12月に変更したため、**2019年12月期は9ヶ月間決算となっている点に気をつけてください。**

それでは、一つひとつ確認していきましょう。

売上高は2020年コロナショックの際には大きく落ち込んでいるものの、そのような特殊要因を除けば右肩上がりとなっており、概ね順調です。

図4-2 ● INPEX の経営指標等

決算年月	2018 年3 月	2019 年3 月	2019 年12 月	2020 年12 月	2021 年12 月	2022 年12 月
① 売上高（百万円）	933,701	971,388	1,000,005	771,046	1,244,369	2,324,660
② 経常利益（百万円）	387,269	519,278	511,088	257,335	657,627	1,438,242
利益率（％）	41.5	53.5	51.1	33.4	52.8	61.9
③ 1 株利益（円）	27.64	65.81	84.61	△ 76.50	153.87	320.69
1 株当たり配当額（円）	18	24	30	24	48	62
④ 自己資本比率（％）	68.6	62.7	62.7	59.0	60.6	60.3
⑤ 自己資本利益率（％）	1.4	3.2	4.1	△ 3.9	7.6	12.7
⑥ 営業活動によるキャッシュ・フロー（百万円）	278,539	238,566	274,730	292,915	445,457	751,284
⑦ 現金及び現金同等物の期末残高（百万円）	276,079	239,652	173,774	172,405	191,213	211,656

　経常利益も売上高の伸びとあわせて伸びていますので、この点も評価できます。

　INPEX の利益率は極めて高く、収益力は抜群です。

　ただし、資源開発というビジネスの特性上、産油国へロイヤリティ等の支払いが生じるため、**最終の純利益は経常利益から大幅に減少することになります。**

　2020 年 12 月期では経常利益が 2,573 億円となっていますが、上記のような収益構造のため、1 株利益はマイナスになっています。

　とはいえ、1 株利益の推移もコロナショック時を除いて、上昇傾向であることが確認できます。

　ただ、利益は原油価格次第という側面もあり、決して安定的ではない点には留意が必要でしょう。

　1 株当たり配当額は、コロナショックの時に減配となっているものの、増配傾向にあります。

　2022 年 2 月に策定された「中期経営計画 2022-2024」では、還元方針として、総還元性向 40％以上を目途とし、1 株当たりの年間配当金の下限を 30 円に設定しています。

図4-3 ● INPEX 有価証券報告書の一部抜粋資料

第一部【企業情報】
第1【企業の概況】
　　1【主要な経営指標等の推移】
　　　（1）連結経営指標等

	回次		第12期	第13期	第14期	第15期	第16期	第17期
①	決算年月		2018年3月	2019年3月	2019年12月	2020年12月	2021年12月	2022年12月
	売上高	（百万円）	933,701	971,388	1,000,005	771,046	1,244,369	2,324,660
②	経常利益	（百万円）	387,269	519,278	511,088	257,335	657,627	1,438,242
	親会社株主に帰属する当期純利益又は親会社株主に帰属する当期純損失（△）	（百万円）	40,362	96,106	123,550	△111,699	223,048	438,276
	包括利益	（百万円）	△42,266	116,061	72,892	△256,830	495,449	862,986
	純資産額	（百万円）	3,158,868	3,257,584	3,297,176	3,001,339	3,346,409	4,038,361
	総資産額	（百万円）	4,252,386	4,793,545	4,849,995	4,634,518	5,158,196	6,262,304
	1株当たり純資産額	（円）	1,997.24	2,058.95	2,082.43	1,874.08	2,253.17	2,891.93
③	1株当たり当期純利益又は1株当たり当期純損失（△）	（円）	27.64	65.81	84.61	△76.50	153.87	320.69
	潜在株式調整後1株当たり当期純利益	（円）	−	−	−	−	−	−
④	自己資本比率	（％）	68.6	62.7	62.7	59.0	60.6	60.3
⑤	自己資本利益率	（％）	1.4	3.2	4.1	△3.9	7.6	12.7
	株価収益率	（倍）	47.6	16.0	13.4	−	6.5	4.4
⑥	営業活動によるキャッシュ・フロー	（百万円）	278,539	238,566	274,730	292,915	445,457	751,284
	投資活動によるキャッシュ・フロー	（百万円）	△351,908	△682,005	△288,740	△417,189	△130,727	△525,574
	財務活動によるキャッシュ・フロー	（百万円）	34,742	405,184	△48,615	126,747	△315,215	△241,928
⑦	現金及び現金同等物の期末残高	（百万円）	276,079	239,652	173,774	172,405	191,213	211,656
	従業員数 [外、平均臨時雇用者数]	（名）	3,189 [1,142]	3,118 [911]	3,117 [604]	3,163 [552]	3,189 [469]	3,364 [395]

出典：INPEX の有価証券報告書
※ 2019 年に決算期を 3 月 31 日から 12 月 31 日に変更したため、第 14 期は 2019 年 4 月 1 日から 2019 年 12 月 31 日の 9 ヶ月間での決算

　原油価格の下落等で利益が大きく減少した場合には、減配もありうると考えておいた方が無難でしょう。

　他方、年間配当金の下限が 30 円となっていることから、株価が大きく下がるようであれば、この点を念頭に置きながら投資を検討していきたいところです。

　コロナショックの際には、エネルギー需要の減退予想から株価が大幅に売り込まれ、500 円を割るところまで下落しました。

　当時は配当の下限が 24 円に設定されていたため、500 円で投資していれば配当利回りは 4.8％になっていたわけです。

2023 年 12 月期の配当予想は 64 円です。

500 円で投資していれば、投資元本に対しての配当利回りは 12.8％となっています。

たらればの話となってしまいますが、**このような配当の下限が決まっている銘柄において、配当利回りを確保しつつ業績が回復した時のリターンを狙うという視点は、他のケースでも間違いなく活かせるでしょう。**自己資本比率はやや減少傾向にありますが、直近では下げ止まり、60％台を維持していることから、財務健全性に問題はないと判断してよいと考えます。

ROE（自己資本利益率）は、2020 年度までは停滞が続いていましたが、最近では持ち直しつつあります。

業績が原油価格と連動するため、安定的な高い ROE を期待するのは難しい業種であると知っておきましょう。

営業活動によるキャッシュ・フローはプラスで推移しており、また、手元キャッシュも事業を継続していく上で問題のない水準にあります。

INPEX は景気敏感株です。

景気と同様に資源価格も循環（スーパーサイクルと呼ばれることもあります）することから、株価や配当に安定を期待することはできません。したがって、投資指標から単純に買える水準を判断するのは難しい銘柄です。

上記を踏まえ、安全に投資ができるのは、**資源価格が崩れて株価が低迷している時か、暴落により相場全体が崩れている時となります。**

また、1 株ずつ積み上げて取得単価をならしながら投資していくという戦術をとるのも一つの手でしょう。

JT ～高い収益力を誇る企業の狙い時は？～

JT は、日本株 33 業種分類では食料品に属し、食品セクターに分類されます。

利益率は、税引前利益を売上収益で割って算出しますが、JT は 20％

図4-4●JT の経営指標等

決算年月	2018 年 12 月	2019 年 12 月	2020 年 12 月	2021 年 12 月	2022 年 12 月
売上収益（百万円）	2,215,962	2,175,626	2,092,561	2,324,838	2,657,832
税引前利益（百万円）	531,486	465,232	420,063	472,390	593,450
利益率（％）	24.0	21.4	20.1	20.3	22.3
1 株利益（円）	215.31	195.97	174.88	190.76	249.45
1 株当たり配当額（円）	150	154	154	140	188
自己資本比率（％）	48.17	47.95	46.88	48.65	54.07
自己資本利益率（％）	14.30	13.16	11.97	12.70	13.94
営業活動によるキャッシュ・フロー（百万円）	461,389	540,410	519,833	598,909	483,799
現金及び現金同等物の期末残高（百万円）	282,063	357,158	538,844	721,731	866,885

以上を維持し、極めて高い収益力を誇っていることが確認できます。

1 株利益は 2018 年 12 月期から 2020 年 12 月期まで減少傾向が続きました。

このように 1 株利益の減少が続くと、株価も下落基調となることが多く、注意が必要です。

配当は、2021 年 12 月期で減配となっていますが、2022 年 12 月期は増配に転じました。増配予想が発表された後には、株価も上昇基調となりました。

表にある 5 年間で、1 株利益は 20％程度の下落、配当は 10％程度の下落にもかかわらず、株価は半値程度まで下落したこともありました。

株価というのは、長期的には業績にサヤ寄せ（価格差が小さくなること）してくるとはいえ、業績が好調な時には上がりすぎ、業績が低迷している時には下がりすぎる傾向にあることを意識しておきましょう。

無論、狙い目は下がりすぎている時です。

自己資本比率は 50％台前後で推移しており、財務健全性には問題はありません。

ROE も高い水準で推移しており、資本効率も問題ないでしょう。

営業活動によるキャッシュ・フローはプラスで推移しており、また、手元キャッシュも潤沢で、事業の継続性に何の問題もありません。

　JTは、配当性向75%としており、原則として業績連動型の配当となっていることから、減配可能性も一定程度あると考えておいた方がよいでしょう。

　業績連動型の配当政策を採用している場合、単年度で判断するよりも、過去5年程度の平均を今後の期待値として考え、保守的に判断した方が無難だと思います。

　たとえば、JTであれば2018年〜2022年における配当の平均は、

　（150円＋154円＋154円＋140円＋188円）÷5年＝157.2円

　となります。

　この額を、配当の期待値として投資判断をおこなうという発想です。

　JTは、2022年10月31日公表の第3四半期決算で、1株配当を188円へ大幅に増配しました。

　配当性向75%を厳密に遵守した結果ですが、逆にいえば、**業績悪化の際にはシビアに減配してくる可能性もあるということ。**

　そのような事態になっても狼狽しないよう、事前に減配可能性を踏まえた上で、投資判断をおこなっていきましょう。

花王 〜長期保有の安心材料とは？〜

　花王は、日本株33業種分類では化学に属し、素材・化学セクターに分類されます。

　利益率は低下してきており、注意が必要です。

　1株利益は、2018年をピークに減少傾向にあり、どこかで業績を立て直さなくては、株価も業績に連動して下落していくでしょう。

　業績は苦しい状況が続いており、株価も下落傾向です。

　その一方で、業績が苦しくても配当は増配を続けており、株主還元の姿勢は評価できます。

　実は、花王が苦しい状況に置かれるのは、今回が初めてではありませ

図4-5 ● 花王の経営指標等

決算年月	2018年 12月	2019年 12月	2020年 12月	2021年 12月	2022年 12月
売上高（百万円）	1,508,007	1,502,241	1,381,997	1,418,768	1,551,059
税引前利益（百万円）	207,251	210,645	173,971	150,002	115,848
利益率（％）	13.7	14.0	12.6	10.6	7.5
1株利益（円）	314.25	306.70	262.29	230.59	183.28
1株当たり配当額（円）	120	130	140	144	148
自己資本比率（％）	56.3	51.9	55.5	56.6	56.3
自己資本利益率（％）	18.9	17.6	14.2	11.6	8.9
営業活動によるキャッシュ・フロー（百万円）	195,610	244,523	214,718	175,524	130,905
現金及び現金同等物の期末残高（百万円）	265,978	289,681	353,176	336,069	268,248

ん。これまでも、**そんな苦しい時に1円でも増配しようとしてきた企業姿勢は、株主にとって長期保有の安心材料となります。**

　自己資本比率は50％台を維持しており、財務健全性は問題のない水準にあるといえます。

　ROEは減少傾向にあり、今後の推移に注意が必要です。

　営業活動によるキャッシュ・フローはプラスで推移しており、また、手元キャッシュも事業を継続していく上で問題のない水準にあることが見て取れます。

　花王の中期経営計画では、2030年度の到達目標の一つとして41期連続増配を挙げています。

　トイレタリーという相対的に業績の安定しているセクターであることや、連続増配日本一の実績を鑑みると、今後も連続増配を継続していくでしょう。

　花王は、業績が悪化した際には株価が下落し、配当利回りが上昇します。ただ、これまでは配当利回り3％程度が株価下落のストッパーとなっています。

　なので、**その水準に近づくにつれて、買い場になりつつあると判断し**

てもいいでしょう。

　アステラス製薬は、日本株 33 業種分類では医薬品に属し、医薬品セクターに分類されます。

　利益率は 10％以上を維持しており、高い水準にあることが読み取れるでしょう。

　1 株利益は減少傾向のため注視が必要ですが、2023 年度 3 月期は増加に転じていますので、**最悪期は脱したと考えられなくもありません。**

　配当は、毎年増加を続けています。1 株利益が減少した際にも増配を維持していることから、株主還元を意識した配当政策だといえるでしょう。自己資本比率は 60％台を維持し、財務健全性には何ら問題がありません。

　ROE は減少傾向にありますが、2023 年度は復活の兆しも見えてお

図4-6 ● アステラス製薬の経営指標等

決算年月	2018 年 3 月	2019 年 3 月	2020 年 3 月	2021 年 3 月	2022 年 3 月
売上収益（百万円）	1,300,316	1,306,348	1,300,843	1,249,528	1,296,163
税引前利益（百万円）	218,113	248,967	245,350	145,324	156,886
利益率（％）	16.8	19.1	18.9	11.6	12.1
1 株利益（円）	81.11	115.05	104.15	64.93	67.08
1 株当たり配当額（円）	36	38	40	42	50
自己資本比率（％）	68.3	66.3	55.7	61.0	62.6
自己資本利益率（％）	13.0	17.6	15.3	9.0	8.7
営業活動によるキャッシュ・フロー（百万円）	312,614	258,630	221,998	306,843	257,444
現金及び現金同等物の期末残高（百万円）	331,731	311,074	318,391	326,128	315,986

り、長期的には高い資本効率を維持しています。

　営業活動によるキャッシュ・フローはプラスで推移しており、また手元キャッシュも安定的に確保できていることから、事業継続に不安な要素はないと考えていいでしょう。

　アステラス製薬は、比較的買い時が分かりやすい銘柄です。

　実質累進配当となっていることが株価下落時にも株価の底支えとなってくれ、株価はいずれ戻す傾向が続いています。

配当利回りが3%を上回っている時に投資しておけば問題ないでしょう。

大塚ホールディングス　～財務基盤は堅牢。不安なし～

　大塚ホールディングスは、日本株33業種分類では医薬品に属し、医薬品セクターに分類されます。

図4-7 ● 大塚ホールディングスの経営指標等

決算年月	2018年12月	2019年12月	2020年12月	2021年12月	2022年12月
売上収益（百万円）	1,291,981	1,396,240	1,422,826	1,498,276	1,737,998
税引前利益（百万円）	109,497	173,515	189,988	163,638	172,954
利益率（%）	8.5	12.4	13.4	10.9	10.0
1株利益（円）	152.24	234.55	273.15	231.32	247.01
1株当たり配当額（円）	100	100	100	100	100
自己資本比率（%）	68.8	68.4	70.5	71.3	71.7
自己資本利益率（%）	4.7	7.3	8.2	6.5	6.3
営業活動によるキャッシュ・フロー（百万円）	135,821	192,634	232,839	228,864	211,848
現金及び現金同等物の期末残高（百万円）	285,022	334,040	356,851	410,684	471,634

利益率は 10%以上を維持しており、高い水準にあることが読み取れます。1株利益は、年度によって多少の振れ幅はあるものの、長期的には上昇傾向にあります。

　配当はここ数年 100 円が続き、増配されておらず、保有することで配当が増え続けるわけではないため、株価が安くなり配当利回りが高くなっている時に投資するのが得策でしょう。

　自己資本比率は 70%前後を推移しており、財務基盤は堅牢といえます。ROE は、2014 年に経済産業省がまとめた報告書（通称「伊藤リポート」）で目標とされた 8%を下回ることが多いです。

　けれど、自己資本比率が高いということは、有利子負債等の他人資本を活用しての利益が目減りするため、ROE は低くなりがち。

　なので、単一の指標で判断するのではなく、**利益率や自己資本比率等を複眼的に確認しながら判断していくことを習慣化しましょう。**

　営業活動によるキャッシュ・フローはプラスで推移しており、また、手元キャッシュも潤沢です。事業継続に何ら不安のないことが読み取れます。

ブリヂストン ～景気敏感株を買うべき時とは？～

　ブリヂストンは、日本株 33 業種分類ではゴム製品に属し、自動車・輸送機セクターに分類されます。

　利益率は、コロナショックで大幅に利益が減少した 2020 年 12 月期を除いては、概ね 10%を維持しており、収益力に問題はありません。

　景気敏感株であるため、コロナ禍のような不況時には利益を上げられないという状況も発生します。

　ですが、そういった特殊要因を除けば、1株利益は安定しています。

　配当は緩やかな増配傾向にありますが、景気敏感株で業績連動型の配当ですので、**業績が悪化した時には減配となることを覚えておきましょう。**

　自己資本比率は 50%以上を維持しており、財務健全性に問題はない

図4-8 ● ブリヂストンの経営指標等

決算年月	日本基準	国際会計基準			
	2018年 12月	2019年 12月	2020年 12月	2021年 12月	2022年 12月
売上収益（百万円）	3,650,111	3,507,243	2,695,224	3,246,057	4,110,070
税引前利益（百万円）	381,132	335,510	27,412	377,594	423,458
利益率（％）	10.4	9.6	1.0	11.6	10.3
1株利益（円）	387.95	332.31	△33.09	559.56	432.29
1株当たり配当額（円）	160	160	110	170	175
自己資本比率（％）	61.9	54.9	51.3	57.5	59.8
自己資本利益率（％）	12.4	10.0	△1.0	16.5	10.7
営業活動によるキャッシュ・ フロー（百万円）	360,955	505,029	526,947	281,538	268,483
現金及び現金同等物の 期末残高（百万円）	433,916	432,924	810,546	787,542	518,905

※2019年12月期から国際会計基準となっているが、便宜上並列表記とした。

状態です。

　ROEは、不況時等の特殊要因を除けば10％以上を維持しており、資本効率に問題はありません。

　営業活動によるキャッシュ・フローはプラスで推移し、手元キャッシュも潤沢です。事業継続に何の不安もありません。

　ブリヂストンは業績が景気に大きく左右されるため、業績悪化の際には株価はかなり下げると考えておきましょう。

　そして、景気が回復するにつれて株価も例外なく戻していますので、**株価が下がり減配となった時こそが投資のチャンスであることも、あわせて覚えておいてください。**

コマツ ～振れ幅の大きさが魅力的～

　コマツは、日本株33業種分類では機械に属し、機械セクターに分類されます。

　利益率は、コロナ禍という不況を除けば10%以上を維持しており、収益力をもった企業といえるでしょう。

　1株利益は、好景気と不景気とで明暗がはっきりと分かれます。**振れ幅が比較的大きい銘柄であることを知っておいてください。**

　配当は業績連動型で、業績が悪化すると減配されます。

　逆に、業績が戻れば増配となりますので、「いずれは戻るんだ」とどっしり構えておきましょう。

　自己資本比率は50%前後で推移しており、財務状況は問題のない状態で推移しています。ROEは、景気後退時を除けば10%を上回っており、資本効率は適正でしょう。

　営業活動によるキャッシュ・フローはプラスで推移し、手元キャッシ

図4-9 ● コマツの経営指標等

決算年月	2018年 3月	2019年 3月	2020年 3月	2021年 3月	2022年 3月
売上高（百万円）	2,501,107	2,725,243	2,444,870	2,189,512	2,802,323
税引前利益（百万円）	291,807	377,471	223,114	162,775	324,568
利益率（%）	11.7	13.9	9.1	7.4	11.6
1株利益（円）	208.25	271.81	162.93	112.43	237.97
1株当たり配当額（円）	84	110	94	55	96
自己資本比率（%）	49.4	49.9	48.5	50.5	51.4
自己資本利益率（%）	12.1	14.7	8.6	5.8	10.9
営業活動によるキャッシュ・フロー（百万円）	148,394	202,548	295,181	354,129	300,970
現金及び現金同等物の期末残高（百万円）	144,397	148,479	247,616	241,803	315,360

ュも十分に確保されており、事業継続に何ら問題はありません。

　コマツは代表的な景気敏感株で、株価暴落時における下落率はかなり大きなものとなることは、十分理解しておいてください。

　下落時は、1株利益もかなり減少し、配当も大幅に減額されます。

　しかし、逆説的ではありますが、**そのような短期的に株価が大きく下げた時こそ、最も旨味のある投資機会となるのです。**

　比較的短期間で株価は回復して、配当も増配されます。

　過去を振り返っても、安い時に買っていれば、キャピタルゲインとインカムゲインの両面からリターンが狙える状態だった、ということが何度もありました。

　コマツのような超優良企業の株価は、暴落してもいずれは戻すことを覚えておいて損はありません。

クボタ　〜高い収益力を誇り、不安要素はなし〜

　クボタは、日本株33業種分類では機械に属し、機械セクターに分類されます。

　利益率は概ね10％前後で推移しており、安定的な収益力を維持しています。**1株利益はコロナ禍で大きく減少に転じた時期もありましたが、長い目で見れば上昇傾向にあります。**

　配当は、コロナ禍の影響を受けた時期には据え置きとなりましたが、増配基調にあることが読み取れます。

　自己資本比率は40％前後で推移しており、財務健全性に問題はありません。ROEは10％前後で推移しており、資本効率に問題はないといえるでしょう。

　営業活動によるキャッシュ・フローは概ねプラスで推移しています。2022年12月期ではマイナスとなっていますが、主に営業債権が増加したことが理由であり特に問題はないといえます。手元キャッシュも十分に確保されており、事業継続に不安な点はありません。

図4-10 ● クボタの経営指標等

決算年月	2018 年 12 月	2019 年 12 月	2020 年 12 月	2021 年 12 月	2022 年 12 月
売上高（百万円）	1,850,316	1,920,042	1,853,234	2,196,766	2,678,772
税引前利益（百万円）	197,230	209,022	185,899	250,917	233,927
利益率（%）	10.7	10.9	10.0	11.5	8.7
1 株利益（円）	112.44	121.59	105.85	144.80	130.82
1 株当たり配当額（円）	34	36	36	42	44
自己資本比率（%）	46.3	46.0	46.3	44.5	39.8
自己資本利益率（%）	10.5	10.7	8.8	11.1	8.8
営業活動によるキャッシュ・ フロー（百万円）	89,148	82,410	142,919	92,511	△ 7,680
現金及び現金同等物の 期末残高（百万円）	229,123	199,665	222,919	258,639	225,799

伊藤忠商事 ～総合商社は利益率で判断しない～

　伊藤忠商事は、日本株 33 業種分類では卸売業に属し、商社・卸売セクターに分類されます。

　総合商社の事業形態はかなり複雑で、製造業のように利益率を競争力の判断材料とすることが適当とはいえません。

　したがって、利益率はあくまで参考値として捉えておき、**投資の判断材料としては、1 株利益や ROE を注視するようにしましょう。**

　1 株利益は、コロナ禍の影響で減少を余儀なくされました。

　ですが、相対的に安定している非資源を中心とした事業ポートフォリオの強みを発揮し、長期的視点で見れば、1 株利益は着実に成長していて、ビジネスが順調であることが読み取れます。

　配当は毎年増えており、株主還元を意識した配当政策となっています。自己資本比率は同業他社と比較しても遜色なく、財務健全性に問題はありません。

図4-11 ● 伊藤忠商事の経営指標等

決算年月	2018 年 3 月	2019 年 3 月	2020 年 3 月	2021 年 3 月	2022 年 3 月
収益（百万円）	5,510,059	11,600,485	10,982,968	10,362,628	12,293,348
税引前利益（百万円）	537,858	695,383	701,430	512,475	1,150,029
利益率（％）	9.8	6.0	6.4	4.9	9.4
1 株利益（円）	257.94	324.07	335.58	269.83	552.86
1 株当たり配当額（円）	70	83	85	88	110
自己資本比率（％）	30.81	29.08	27.44	29.67	34.55
自己資本利益率（％）	15.79	17.86	16.98	12.72	21.83
営業活動によるキャッシュ・フロー（百万円）	388,212	476,551	878,133	895,900	801,163
現金及び現金同等物の期末残高（百万円）	432,140	572,030	611,223	544,009	611,715

　ROE はコロナ禍の時期を除けば 15％以上となっており、資本効率も抜群です。

　営業活動によるキャッシュ・フローはプラスで推移しており、また、ここ数年は 8,000 億円を超え、キャッシュ創出力もかなりのものがあります。手元キャッシュも十分に確保されており、事業継続に不安はないでしょう。

　伊藤忠商事は、2018 年 3 月期から 2021 年 3 月期まで地味な増配を繰り返してきましたが、2022 年 3 月期には 88 円から 110 円へと大幅に増配。

　さらに 2023 年 3 月期には、140 円への大幅な増配を予定しています。

　ただ、株主還元に積極的なことは評価できますが、2 年間で 60％近くも増配となっているわけですから、**もともとあった増配余力をかなり食いつぶしている可能性も否定できません。**

　今後も同様の配当成長を見込んで投資すると、期待外れとなることも考えられるので、注意が必要です。

三井物産は、日本株33業種分類では卸売業に属し、商社・卸売セクターに分類されます。

伊藤忠商事と同様、利益率は参考値として把握しておきましょう。

1株利益は比較的安定して推移していますが、**資源価格が崩れると業績に悪影響を及ぼす傾向にあります。**

配当は連続増配とはなっていないものの、増配傾向にあります。

2022年3月期で85円から105円への大幅な増配を実施し、2023年3月期も105円から135円へと大幅な増配予定。株主還元を強く意識した配当政策となっています。

ただ、伊藤忠商事と同様、**高い増配率が今後も続くと考えるのは避けた方がいいでしょう。**

自己資本利益率は、昔から総合商社の中では高い水準を維持。最悪期

図4-12 ● 三井物産の経営指標等

決算年月	2018年 3月	2019年 3月	2020年 3月	2021年 3月	2022年 3月
収益（百万円）	4,892,149	8,958,967	8,484,130	8,010,235	11,757,559
税引前利益（百万円）	544,384	584,338	534,320	450,202	1,164,480
利益率（％）	11.1	6.5	6.3	5.6	9.9
1株利益（円）	237.67	238.33	226.13	199.28	561.61
1株当たり配当額（円）	70	80	80	85	105
自己資本比率（％）	35.15	35.69	32.34	36.52	37.56
自己資本利益率（％）	10.86	10.06	9.69	8.00	17.98
営業活動によるキャッシュ・フロー（百万円）	553,645	410,670	526,376	772,696	806,896
現金及び現金同等物の期末残高（百万円）	1,131,380	956,107	1,058,733	1,063,150	1,127,868

※税引前利益は決算短信から抽出

でも 8％を確保しており、資本効率に問題はありません。財務も健全です。

　営業活動によるキャッシュ・フローはプラスで推移しており、手元キャッシュも 1 兆円を超える水準を維持していることからも、事業継続に何ら問題なく、その事業基盤は盤石といえるでしょう。

三菱商事 〜営業活動によるキャッシュ・フロー 1 兆円超え〜

　三菱商事は、日本株 33 業種分類では卸売業に属し、商社・卸売セクターに分類されます。伊藤忠商事や三井物産と同様、**利益率はあくまで参考値としてください。**

　1 株利益はコロナ禍の際には大きく下落していますが、その時期を除けば安定して推移しています。

　配当は毎年増配を継続しており、株主還元を意識した配当政策となっ

図4-13 ● 三菱商事の経営指標等

決算年月	2018 年 3 月	2019 年 3 月	2020 年 3 月	2021 年 3 月	2022 年 3 月
収益（百万円）	7,567,394	16,103,763	14,779,734	12,884,521	17,264,828
税引前利益（百万円）	812,722	851,813	648,864	253,527	1,293,116
利益率（％）	10.7	5.3	4.4	2.0	7.5
1 株利益（円）	353.27	372.39	348.50	116.86	635.06
1 株当たり配当額（円）	110	125	132	134	150
自己資本比率（％）	33.3	34.5	29.0	30.1	31.4
自己資本利益率（％）	10.9	10.7	9.8	3.2	15.0
営業活動によるキャッシュ・フロー（百万円）	742,482	652,681	849,728	1,017,550	1,055,844
現金及び現金同等物の期末残高（百万円）	1,005,461	1,160,582	1,322,812	1,317,824	1,555,570

※税引前利益は決算短信から抽出

ています。

　自己資本比率は 30％前後で推移しており、総合商社としては問題のない水準です。

　ROE は、コロナ禍の影響を受けた際には大幅に低下しましたが、特殊要因を除けば概ね 10％は維持されており問題はないでしょう。

　営業活動によるキャッシュ・フローは 1 兆円を超えており、極めて高いキャッシュ創出力があります。

　また、手元キャッシュも潤沢で事業継続に何ら問題なく、盤石な事業基盤といえます。

三菱 UFJ フィナンシャル・グループ 〜銀行と他業種との比較は NG 〜

　三菱 UFJ フィナンシャル・グループは、日本株 33 業種分類では銀行業に属し、銀行セクターに分類されます。

　その事業の特性上、銀行業の経営指標は、自己資本比率が異常に低くなるなど、製造業等の他業種と単純比較できません。

　比較検討する際は必ず、同業他社と比較するようにしましょう。

　ここでは、どの銘柄を検討する際にも役に立つ、1 株利益の推移と配当の推移を確認します。

　1 株利益は安定的とはいえませんが、2020 年 3 月期はのれん（他社を買収した際の買収額と買収先企業の純資産との差額。買収金額－買収される企業の純資産＝のれん）の一括償却等の特殊要因により利益水準が落ちているため、本業の利益はそこまで悪くないことに注意してください。

　全体として見れば、堅調な業績で推移していると判断して問題ないでしょう。

　配当は、コロナ禍の影響もあって 2021 年 3 月期に据え置かれていますが、長期的には増配傾向にあることが読み取れます。

　自己資本に関して、**メガバンクの投資家向け資料では必ずといっていいほど目にするのが「Tier1（ティアワン）」という言葉。**

図4-14 ● 三菱 UFJ フィナンシャル・グループの経営指標等

決算年月	2018 年 3 月	2019 年 3 月	2020 年 3 月	2021 年 3 月	2022 年 3 月
経常収益（百万円）	6,068,061	6,697,402	7,299,078	6,025,336	6,075,887
経常利益（百万円）	1,462,418	1,348,043	1,235,770	1,053,610	1,537,649
利益率（％）	24.1	20.1	16.9	17.5	25.3
1 株利益（円）	74.55	66.91	40.95	60.49	88.44
1 株当たり配当額（円）	19	22	25	25	28
自己資本比率（％）	5.22	5.20	4.75	4.67	4.55
自己資本利益率（％）	6.32	5.41	3.28	4.73	6.68
営業活動によるキャッシュ・ フロー（百万円）	12,310,778	5,609,305	8,060,840	34,904,946	9,839,899
現金及び現金同等物の 期末残高（百万円）	74,713,689	74,206,895	78,335,634	102,980,711	110,763,205

　これは国際的に業務を展開している銀行が健全性を維持するために設けられた「バーゼルⅢ」と呼ばれる自己資本比率規制の中で使われる概念のこと。損失吸収力の高い自己資本（普通株式や内部留保など）を意味します。

　「普通株式等 Tier1」あるいは CET1（Common Equity Tier1 の略で、Common は普通、Equity は株式という意味です）と表記されることもあります。

　この Tier1 をリスク資産で割り算したものが「Tier1 比率」で、質の高い自己資本の割合を示した指標となります。

　この「Tier1 比率」が高いほど健全な経営がなされており、投資を検討する際の参考指標の一つとなります。投資家向け資料で目にした時には、ぜひこのページを開いて読み返し、理解を深めてください。

　三井住友フィナンシャルグループは、日本株 33 業種分類では銀行業に属し、銀行セクターに分類されます。

　三井住友フィナンシャルグループも、三菱 UFJ フィナンシャル・グループと同様にその事業の特性上、**製造業等の他業種とではなく、同業他社と比較する必要があります。**

　ここでは、1 株利益の推移と配当の推移を確認しておきましょう。

　1 株利益は、コロナ禍の影響を受けた 2021 年 3 月期を除けば、概ね安定して推移しています。業績が安定しているということは、安定配当も期待できるということ。

　株価が下がれば配当利回りは上昇しますが、減配可能性が低いことから、期待するリターンをそのまま享受できる可能性が高まります。

　事実、三井住友フィナンシャルグループは、**「減配せず、配当維持もしくは増配」**を株主還元方針としており、安心して投資できるだけでな

図4-15 ● 三井住友フィナンシャルグループの経営指標等

決算年月	2018 年 3 月	2019 年 3 月	2020 年 3 月	2021 年 3 月	2022 年 3 月
経常収益（百万円）	4,777,018	4,804,428	4,591,873	3,902,307	4,111,127
経常利益（百万円）	1,164,113	1,135,300	932,064	711,018	1,040,621
利益率（％）	24.4	23.6	20.3	18.2	25.3
1 株利益（円）	520.67	519.95	511.87	374.26	515.51
1 株当たり配当額（円）	170	180	190	190	210
自己資本比率（％）	5.22	5.29	4.88	4.88	4.69
自己資本利益率（％）	7.30	6.87	6.55	4.56	5.91
営業活動によるキャッシュ・フロー（百万円）	9,342,794	4,596,242	7,087,460	18,795,951	1,545,423
現金及び現金同等物の期末残高（百万円）	47,983,114	53,120,963	56,097,807	66,811,212	65,832,072

く、投資元本に対してリターンの読みやすい銘柄ともなっています。

　不透明な要素が多い株式市場において「リターンが読みやすい」ことは、**相対的に投資の難易度を下げてくれる貴重な要素の一つでしょう。**

　配当は配当政策を着実に履行しており、増配基調です。

　このような銘柄は、たとえば配当利回りが5％台であれば投資するなど、配当利回りを判断基準にするのも一つの方法だと考えます。

日本取引所グループ　〜まずつぶれない 日本で最も盤石な企業〜

　日本取引所グループは、日本株33業種分類ではその他金融業に属し、金融（除く銀行）セクターに分類されます。

　利益率は50％以上で、独占企業だけに極めて高い水準で推移しています。1株利益も安定していて、それはつまり、期待リターンの見積もりが容易ということ。

　株価は長期的には業績に連動するため、たとえば、株価が一定金額以

図4-16 ● 日本取引所グループの経営指標等

決算年月	2018年 3月	2019年 3月	2020年 3月	2021年 3月	2022年 3月
営業収益（百万円）	120,711	121,134	123,688	133,343	135,432
税引前利益（百万円）	72,990	70,786	69,095	74,732	73,429
利益率（％）	60.5	58.4	55.9	56.0	54.2
1株利益（円）	94.17	91.58	88.91	96.00	94.35
1株当たり配当額（円）	67	70	54	68	72
自己資本比率（％）	0.7	0.5	0.4	0.5	0.4
自己資本利益率（％）	19.0	17.6	16.3	16.6	15.7
営業活動によるキャッシュ・フロー（百万円）	66,018	52,778	56,881	71,750	58,191
現金及び現金同等物の期末残高（百万円）	78,999	63,891	71,883	108,209	93,354

下になった時に投資するなどの戦術をとることができ、投資判断しやすくなります。

自己資本比率は銀行業と同様に、その事業の特性上、極めて低い数値となっていますが、この点は気にする必要はありません。

ROE は、10％台後半と高い資本効率を維持しています。

営業活動によるキャッシュ・フローはプラスで推移し、手元キャッシュも十分に確保されています。

そもそも独占企業ですので、**経営破綻する可能性は限りなくゼロに近く、その事業基盤は日本で最も盤石な企業の一つといえるでしょう。**

東京海上ホールディングス ～特殊要因以外、極めて順調な推移～

東京海上ホールディングスは、日本株33業種分類では保険業に属し、金融（除く銀行）セクターに分類されます。

利益率はさほど高くはなっていませんが、**コロナ禍の影響でボトムを**

図4-17 ● 東京海上ホールディングスの経営指標等

決算年月	2018年3月	2019年3月	2020年3月	2021年3月	2022年3月
経常収益（百万円）	5,399,115	5,476,720	5,465,432	5,461,195	5,863,770
経常利益（百万円）	344,939	416,330	363,945	266,735	567,413
利益率（％）	6.4	7.6	6.7	4.9	9.7
1株利益（円）	382.83	383.01	369.74	232.13	613.46
1株当たり配当額（円）	160	250	225	235	255
自己資本比率（％）	16.59	15.86	13.35	14.22	14.76
自己資本利益率（％）	7.74	7.44	7.48	4.60	10.94
営業活動によるキャッシュ・フロー（百万円）	916,025	945,437	997,623	1,177,873	1,102,240
現金及び現金同等物の期末残高（百万円）	1,028,747	1,023,342	1,021,167	924,687	912,216

形成した後は上昇に転じています。

　特殊要因を除けば、収益構造はよい方向へ着実に進んでいます。

　1株利益の推移もコロナ禍の影響等を除けば堅調といえるでしょう。

　配当は上場以来、普通配当を減配したことがなく、実質累進配当銘柄です。

　2020年3月期に減配しているように見えますが、2019年は資本水準調整のための一時的な配当を出しており、普通配当ベースでは増配となっています。

　自己資本比率は、保険業という事業の特性上低くなっているものの、問題のない水準です。なお、**自己資本比率を判断材料とする際は、同業他社と比較するようにしましょう。**

　ROEは、コロナ禍の影響を受けて一時的に下がりましたが、その後は上昇に転じています。

　直近の状況からは、資本効率に問題はありません。

　営業活動によるキャッシュ・フローはプラスで推移し、手元キャッシュも潤沢です。事業継続に不安な点はまったくありません。

NTT　～順調そのもので不安は一切なし～

　NTTは、日本株33業種分類では情報・通信業に属し、情報通信・サービスその他セクターに分類されます。

　利益率は10％台半ばで、高い水準を維持していて、景気の波にも左右されず、基本的に儲かっているといえるでしょう。

　1株利益は上昇傾向にあり、株主価値を高め続けてくれています。

　配当は毎年増加しており、連続増配を継続中です。

　自己資本比率は、NTTドコモを子会社化した際に有利子負債が増加した影響で悪化しましたが、依然として問題のない水準にあります。

　営業活動によるキャッシュ・フローはプラスで推移しており、手元キャッシュも十分に確保されていて、事業継続に何の不安もありません。

　NTTの業績の推移は極めて良好で、自己資本比率が一時的に低下し

図4-18 ● NTT の経営指標等

決算年月	2018 年 3 月	2019 年 3 月	2020 年 3 月	2021 年 3 月	2022 年 3 月
営業収益（百万円）	11,782,148	11,879,842	11,899,415	11,943,966	12,156,447
税引前利益（百万円）	1,740,479	1,671,861	1,570,141	1,652,575	1,795,525
利益率（％）	14.8	14.1	13.2	13.8	14.8
1 株利益（円）	224.93	220.13	231.21	248.15	329.29
1 株当たり配当額（円）	75	90	95	105	115
自己資本比率（％）	42.0	41.6	39.4	32.9	34.7
自己資本利益率（％）	10.2	9.3	9.3	11.0	14.9
営業活動によるキャッシュ・フロー（百万円）	2,541,270	2,406,157	2,995,211	3,009,064	3,010,257
現金及び現金同等物の期末残高（百万円）	895,003	946,134	1,033,574	935,727	834,564

ている点を除いては、順調そのものといえます。

　このような企業の株価が何らかの要因で暴落している時には、ぜひとも投資しておきたいところです。

KDDI ～文句なしの良好銘柄～

　KDDI は、日本株 33 業種分類では情報・通信業に属し、情報通信・サービスその他セクターに分類されます。

　利益率は 20％弱で推移しており、極めて高い水準です。

　1 株利益は毎年着実に増加しており、**事業が堅調であることがうかがい知れるでしょう。**

　配当は毎年増加し、連続増配を継続中です。

　自己資本比率は減少傾向にありますが、依然として財務健全性に問題ない水準といえるでしょう。

　ROE は、10％台半ばで推移しており、こちらも高い資本効率を維持

図4-19 ● KDDI の経営指標等

決算年月	2018 年 3 月	2019 年 3 月	2020 年 3 月	2021 年 3 月	2022 年 3 月
売上高（百万円）	5,041,978	5,080,353	5,237,221	5,312,599	5,446,708
税引前利益（百万円）	955,147	1,010,275	1,020,699	1,038,056	1,064,497
利益率（％）	18.9	19.9	19.5	19.5	19.5
1 株利益（円）	235.54	259.10	275.69	284.16	300.03
1 株当たり配当額（円）	90	105	115	120	125
自己資本比率（％）	57.4	57.1	45.8	45.2	45.0
自己資本利益率（％）	15.6	15.5	14.9	14.2	13.8
営業活動によるキャッシュ・フロー（百万円）	1,061,405	1,029,607	1,323,356	1,682,166	1,468,648
現金及び現金同等物の期末残高（百万円）	200,834	204,597	369,202	809,802	796,613

しています。

　営業活動によるキャッシュ・フローはプラスで推移し、手元キャッシュも十分に確保されており、事業継続に何の問題もありません。

　KDDI も NTT と同様、業績は極めて良好です。

株価が安くなっている時にはぜひとも投資しておきたい銘柄の一つです。

この章で伝えたいこと

- 有価証券報告書から投資判断に必要なデータをピックアップできるようになろう
- 投資判断は単年のデータを見ておこなうのではなく、複数年の推移を確認しておこなおう
- 最初は難しくても、継続して学習していれば、理解できるようになる日が必ず来ることを知っておこう

死ぬまで持ちたい「かも」銘柄 29 選とその買い方

暴落時に要注目株をチェックしよう！

　ここまで読み進めてきたみなさんは、日本の株式市場における主要銘柄を把握し、様々な投資指標から株価の妥当性を判断したり、決算短信から最新の業績推移を確認したり、有価証券報告書から過去複数年にわたる経営指標等の推移を確かめたりできるようになりました。

　前章では「死ぬまで持ちたい銘柄17」の経営指標等について、有価証券報告書からデータを抜粋して確認しました。

第５章では、その他の注目銘柄について確認していきます。

　また、前章では経営指標等の一覧表に加えて、データを抽出した有価証券報告書の一部抜粋資料もあわせて掲載しましたが、**みなさんは既に、どこからデータを抽出されているかを知り、自分で確認できるようになっています。**

　ですので、この章では経営指標等のみを掲載します。より詳細なデータを確認したい場合は「企業名」「有価証券報告書」等のキーワードでネット検索して、有価証券報告書をご自身で確認してください。

　自分で調べる癖をつけるという作業自体も、投資の練度を向上させてくれるはずです。

　ここで紹介するのは、どれも第１章で**「暴落時には投資を検討したい」**と紹介した銘柄ばかり。

　それでは、一つひとつ見ていきましょう。このデータも、2023年3月末時点で確認できた最新の有価証券報告書の数値となっています。

サカタのタネ　〜控えめながらも上昇を続けるROE〜

　サカタのタネは、売上、利益ともに堅調で、高い利益率を誇っています。1株利益も上昇傾向にあり、配当も着実に増配しています。

図5-1 ● サカタのタネの経営指標等

決算年月	2018年5月	2019年5月	2020年5月	2021年5月	2022年5月
売上高（百万円）	62,412	62,746	61,667	69,218	73,049
経常利益（百万円）	7,880	8,331	8,070	10,078	12,114
利益率（%）	12.6	13.3	13.1	14.6	16.6
1株利益（円）	128.16	152.69	136.65	171.24	276.02
1株当たり配当額（円）	30	33	33	38	45
自己資本比率（%）	82.3	82.3	82.2	83.9	84.9
自己資本利益率（%）	6.0	6.8	6.0	7.2	10.4
営業活動によるキャッシュ・フロー（百万円）	4,617	5,532	3,435	11,362	10,039
現金及び現金同等物の期末残高（百万円）	13,304	12,173	11,934	14,758	21,747

　自己資本比率は80%以上を保っていて、財務基盤は鉄壁。自己資本比率の高さ故にROE（自己資本利益率）はやや控えめな水準ですが、それでも上昇傾向にあります。

　営業活動によるキャッシュ・フローはプラスで推移し、手元キャッシュも十分に確保されており、事業継続に何の不安もありません。

　サカタのタネは、株主優待も実施しています。**株主優待を楽しみつつ、水産・農林業の銘柄としてセクター分散を図るという目的等で投資を検討するのも悪くはないという認識です。**

アサヒグループホールディングス ～業種の中では高い利益～

　アサヒグループホールディングスは、利益率はコロナ禍に落ち込んだものの、特殊要因を除けば10%弱で推移し、食料品という業種においては、相対的に高い水準となっています。

　1株利益は安定的に推移し、配当は増加傾向です。

図5-2 ● アサヒグループホールディングスの経営指標等

決算年月	2018 年 12 月	2019 年 12 月	2020 年 12 月	2021 年 12 月	2022 年 12 月
売上収益（百万円）	2,120,291	2,089,048	2,027,762	2,236,076	2,511,108
税引前利益（百万円）	207,308	197,391	125,399	199,826	205,992
利益率（％）	9.8	9.4	6.2	8.9	8.2
1 株利益（円）	329.80	310.44	196.52	302.92	299.10
1 株当たり配当額（円）	99	100	106	109	113
自己資本比率（％）	37.2	39.7	34.2	38.6	42.7
自己資本利益率（％）	13.2	11.9	6.7	9.4	7.9
営業活動によるキャッシュ・フロー（百万円）	252,441	253,469	275,859	337,812	265,991
現金及び現金同等物の期末残高（百万円）	57,317	48,489	48,460	52,743	37,438

　自己資本比率はやや低い水準にありますが、事業継続に悪影響を与えるほどではなく、現時点では気にする必要はないでしょう。

　ROE は、財務レバレッジをきかせているため（自己資本比率が低く、他人資本を多く活用）、食品セクターとしては高い水準にあります。

　営業活動によるキャッシュ・フローは安定しており、事業継続に問題はありませんが、手元キャッシュは 500 億円ほどで会社規模の割にはやや少ないという印象を受けます。

　株主優待を実施していますので、**配当利回りに納得して投資できれば、株主優待を楽しみながら長く保有できる銘柄の一つだと考えます。**

キッコーマン ～投資チャンスをじっくり待とう～

　キッコーマンは、利益率は安定しつつも上昇傾向。また、1 株利益、配当額も上昇傾向にあり、事業は堅調に推移しているといえます。

　自己資本比率は 70％前後を推移し、財務基盤は堅牢で、ROE は高い

図5-3 ● キッコーマンの経営指標等

決算年月	日本基準		国際会計基準		
	2018 年 3 月	2019 年 3 月	2020 年 3 月	2021 年 3 月	2022 年 3 月
売上収益（百万円）	430,602	453,565	439,627	439,411	516,440
税引前利益（百万円）	35,985	37,925	37,814	43,194	54,231
利益率（％）	8.4	8.4	8.6	9.8	10.5
1 株利益（円）	123.71	135.39	139.74	162.31	202.94
1 株当たり配当額（円）	39	41	42	45	61
自己資本比率（％）	72.1	73.3	68.3	70.3	71.1
自己資本利益率（％）	9.8	10.1	10.0	10.7	11.7
営業活動によるキャッシュ・ フロー（百万円）	37,645	37,023	41,958	57,167	52,093
現金及び現金同等物の 期末残高（百万円）	22,785	27,509	28,103	55,678	79,229

※ 2020 年 3 月期から国際会計基準となっているが、便宜上並列表記とした。

水準を維持しています。

　キッコーマンのように、高い自己資本比率を維持しつつ、高い ROE も叩き出している企業は、借入金に頼らない儲かるビジネスを展開しており、**企業としては申し分ない経営をおこなっていると考えられます。**

　当然、株価も指標的には割高な水準にあることがほとんどですが、相場全体が崩れた時には、このような銘柄にも投資チャンスが巡ってくることもあります。**じっくりとチャンスを待ちたいところです。**

　なお、営業活動によるキャッシュ・フローはプラスで推移し、手元キャッシュも潤沢です。事業の継続性に何の不安もありません。

　キッコーマンは株主優待を実施しています。一度保有すれば、株主優待を楽しみながら長期保有することができる銘柄の一つです。

　大和ハウス工業は、利益率は安定的に推移し、1株利益も比較的安定しており、コロナ禍においても底堅い業績を残しています。

　配当は右肩上がりで、業績が落ち込んだ2021年3月期においても1円増配していることからは、**経営陣の増配への執念と株主還元の姿勢が読み取れます。**

　自己資本比率は30%台半ばですが、事業形態から考えれば問題のない水準です。

　ROEは高い水準にあり、資本効率も良好といえます。

　営業活動によるキャッシュ・フローはプラスで推移し、手元キャッシュも十分。事業継続に何の問題もありません。

　大和ハウス工業は株主優待を実施していて、保有株数に応じて優待内容がグレードアップし、買い増しにインセンティブがある仕組みとなっています。

図5-4 ● 大和ハウス工業の経営指標等

決算年月	2018年3月	2019年3月	2020年3月	2021年3月	2022年3月
売上高（百万円）	3,795,992	4,143,505	4,380,209	4,126,769	4,439,536
経常利益（百万円）	344,593	359,462	367,669	337,830	376,246
利益率（%）	9.1	8.7	8.4	8.2	8.5
1株利益（円）	355.87	357.29	351.84	297.18	343.82
1株当たり配当額（円）	107	114	115	116	126
自己資本比率（%）	36.5	36.8	37.3	36.3	36.6
自己資本利益率（%）	16.99	15.47	14.06	10.95	11.68
営業活動によるキャッシュ・フロー（百万円）	382,365	355,599	149,651	430,314	336,436
現金及び現金同等物の期末残高（百万円）	326,130	276,298	276,068	416,321	326,250

　積水ハウスは、利益率や1株利益は、コロナ禍においてはやや減少したものの、特殊要因を除けば安定して推移しています。

　配当は安定的に右肩上がり。高い自己資本比率を維持し、ROE は高い水準で推移しています。

　営業活動によるキャッシュ・フローはプラスを維持し、手元キャッシュも潤沢です。事業継続に何の不安もありません。

　株主優待制度を導入していますが、対象となるのは 1,000 株以上の保有からです。ハードルが高いので、おまけ程度に考えておいた方がよいでしょう。

図5-5 ● 積水ハウスの経営指標等

決算年月	2018 年 1 月	2019 年 1 月	2020 年 1 月	2021 年 1 月	2022 年 1 月
売上高（百万円）	2,159,363	2,160,316	2,415,186	2,446,904	2,589,579
経常利益（百万円）	203,678	195,190	213,905	184,697	230,094
利益率（%）	9.4	9.0	8.9	7.5	8.9
1 株利益（円）	193.06	186.53	205.79	181.18	227.37
1 株当たり配当額（円）	77	79	81	84	90
自己資本比率（%）	49.40	49.02	48.06	50.52	52.62
自己資本利益率（%）	11.59	10.82	11.54	9.53	10.99
営業活動によるキャッシュ・フロー（百万円）	165,355	125,088	363,766	191,972	118,034
現金及び現金同等物の期末残高（百万円）	324,693	342,898	583,297	600,234	515,174

　ショーボンドホールディングスは、利益率は 20％前後で推移し、1
株利益も着実に増加している点から、業績は好調だとうかがい知れま
す。配当は増配傾向で、自己資本比率は 80％以上を維持し、財務基盤
は鉄壁といえるでしょう。

　ROE は高い水準をキープしており、高い資本効率を誇っています。

　営業活動によるキャッシュ・フローはプラスで推移し、手元キャッシ
ュも十分。事業継続に何の不安もなく、経営指標的にはパーフェクトと
いっても過言ではありません。

　投資の成否を分けるのは、株価が割安な水準で投資できるか。この点
に尽きるでしょう。

図5-6 ● ショーボンドホールディングスの経営指標等

決算年月	2018 年 6月	2019 年 6月	2020 年 6月	2021 年 6月	2022 年 6月
売上高（百万円）	59,682	60,824	67,590	80,065	81,193
経常利益（百万円）	11,187	12,165	13,507	16,302	17,669
利益率（％）	18.7	20.0	20.0	20.4	21.8
1 株利益（円）	135.64	150.11	167.30	210.68	231.06
1 株当たり配当額（円）	62.5	67.5	79.5	105.5	118
自己資本比率（％）	81.4	82.5	81.4	82.8	80.2
自己資本利益率（％）	10.2	10.6	11.1	13.0	13.4
営業活動によるキャッシュ・フロー（百万円）	1,734	4,550	4,540	2,737	7,834
現金及び現金同等物の期末残高（百万円）	14,594	10,256	27,395	23,012	27,023

リンナイ ～連続増配を継続中の安定銘柄～

　リンナイは、利益率、1株利益ともに堅調に推移し、配当も連続増配を継続中。

　自己資本比率は70%前後で推移し、財務健全性に問題はありません。

　ROE（自己資本利益率）はやや低い水準ですが、**自己資本比率の高さを勘案するに許容範囲と考えます。**

　営業活動によるキャッシュ・フローはプラスで推移し、手元キャッシュも潤沢であり、事業継続に何の問題もありません。

図5-7 ● リンナイの経営指標等

決算年月	2018年 3月	2019年 3月	2020年 3月	2021年 3月	2022年 3月
売上高（百万円）	347,071	348,022	340,460	344,364	366,185
経常利益（百万円）	34,286	33,318	35,679	42,400	39,060
利益率（%）	9.9	9.6	10.5	12.3	10.7
1株利益（円）	410.41	398.45	419.49	536.62	470.39
1株当たり配当額（円）	90	94	98	125	140
自己資本比率（%）	68.0	69.4	70.1	68.8	66.9
自己資本利益率（%）	7.6	7.0	7.0	8.4	6.9
営業活動によるキャッシュ・フロー（百万円）	29,914	29,479	37,694	49,491	28,696
現金及び現金同等物の期末残高（百万円）	101,697	116,133	140,138	166,524	147,972

　ニッケ（日本毛織）は、利益率、1株利益ともに堅調な推移となっています。

　配当は増配傾向で、45年以上減配したことがありません。今後も減配する可能性は極めて低いといえるでしょう。

　このように減配可能性の極めて低い銘柄は、株価が下がり配当利回りが高くなっている時が投資のチャンスです。

　投資元本に対しての配当利回りが確保できる可能性も高く、投資判断は相対的に容易といえます。

　自己資本比率は60％台で推移し、財務健全性に問題はありません。

　ROEはやや低い水準でしたが、改善傾向にあります。

　営業活動によるキャッシュ・フローはプラスで推移し、手元キャッシュも潤沢です。事業継続に問題はありません。

　また、株主優待制度を導入しており、株主優待を楽しみながら長期保

図5-8 ● ニッケの経営指標等

決算年月	2018年11月	2019年11月	2020年11月	2021年11月	2022年11月
売上高（百万円）	110,538	126,401	104,915	106,619	109,048
経常利益（百万円）	9,128	11,165	12,655	9,784	11,715
利益率（％）	8.3	8.8	12.1	9.2	10.7
1株利益（円）	72.26	89.70	98.57	115.07	100.54
1株当たり配当額（円）	22	26	27	28	30
自己資本比率（％）	62.2	61.8	63.8	62.9	65.3
自己資本利益率（％）	5.99	7.24	7.66	8.44	6.95
営業活動によるキャッシュ・フロー（百万円）	5,812	13,694	11,315	12,404	9,449
現金及び現金同等物の期末残高（百万円）	17,425	25,013	29,927	41,052	34,363

有できる銘柄の一つです。

信越化学工業 ～約30％の驚異的な利益率～

信越化学工業は、利益率が20％台後半以上で推移しており、驚異的です。1株利益も増加傾向にあり、好調を維持しています。

配当も右肩上がりで、30年以上減配していません。

配当利回りの推移を確認しつつ、株価が下がって利回りが高くなった時に投資するという戦術も有効でしょう。

自己資本比率は80％以上を維持しており鉄壁です。

ROEは10％以上を保っていて、高い水準で推移しています。

営業活動によるキャッシュ・フローはプラスで推移し、手元キャッシュも潤沢で、事業継続に何の不安もありません。

図5-9 ● 信越化学工業の経営指標等

決算年月	2018年3月	2019年3月	2020年3月	2021年3月	2022年3月
売上高（百万円）	1,441,432	1,594,036	1,543,525	1,496,906	2,074,428
経常利益（百万円）	340,308	415,311	418,242	405,101	694,434
利益率（％）	23.6	26.1	27.1	27.1	33.5
1株利益（円）	624.28	725.99	755.17	706.76	1203.80
1株当たり配当額（円）	140	200	220	250	400
自己資本比率（％）	81.0	81.1	82.1	83.2	82.1
自己資本利益率（％）	11.9	12.8	12.3	10.7	16.3
営業活動によるキャッシュ・フロー（百万円）	332,776	400,687	412,384	401,176	553,528
現金及び現金同等物の期末残高（百万円）	780,449	828,345	745,125	801,596	1,008,925

　ユニ・チャームは、利益率は 2019 年 12 月期を除けば 10％強で推移しており、高い利益率を維持しています。

　1 株利益も、年度によって波はあるものの、概ね堅調といえるでしょう。配当は毎年増加しており、連続増配を継続中。自己資本比率は 50％台半ばで推移し、健全です。

　ROE は 10％以上を保っていて、高い資本効率を維持しています。

　営業活動によるキャッシュ・フローはプラスで推移し、手元キャッシュも一定程度確保できていることから、事業継続には何の問題もないでしょう。

　ユニ・チャームは、投資家の期待の高さから、PER は高い水準で、配当利回りは低い水準で推移しています。

　ですので、**配当を目的として投資するのであれば、なかなかチャンスが巡ってくることはない銘柄でしょう。**

図5-10 ● ユニ・チャームの経営指標等

決算年月	2018 年 12 月	2019 年 12 月	2020 年 12 月	2021 年 12 月	2022 年 12 月
売上高（百万円）	688,290	714,233	727,475	782,723	898,022
税引前利益（百万円）	91,561	69,538	95,849	121,977	115,708
利益率（％）	13.3	9.7	13.2	15.6	12.9
1 株利益（円）	103.73	77.53	87.60	121.78	113.61
1 株当たり配当額（円）	24	28	32	36	38
自己資本比率（％）	55.5	54.8	55.2	56.5	59.0
自己資本利益率（％）	14.8	10.1	10.8	13.8	11.5
営業活動によるキャッシュ・フロー（百万円）	110,867	84,936	150,254	105,253	92,216
現金及び現金同等物の期末残高（百万円）	135,065	128,787	199,522	187,547	217,153

連続増配銘柄ですので、株価が暴落した時に配当利回りがどの程度上昇するのかをにらみながら、投資を検討したいところです。

日東電工 〜堅牢な財務基盤を誇る安定銘柄〜

日東電工は、利益率は変動があるものの、高い水準で推移しています。**1株利益の変動もそれなりにありますが、調子の悪い時にもしっかりと稼いでいます。**

配当は2021年3月期に据え置きされていますが、基本的に右肩上がりです。

自己資本比率は70%台半ばで推移し、財務基盤は堅牢といえます。

ROEは、業績が悪化した時期を除けば高い水準にあります。

営業活動によるキャッシュ・フローはプラスで推移し、手元キャッシュも十分に確保されており、事業継続に何の問題もありません。

図5-11 ● 日東電工の経営指標等

決算年月	2018年3月	2019年3月	2020年3月	2021年3月	2022年3月
売上収益（百万円）	857,376	806,495	741,018	761,321	853,448
税引前利益（百万円）	126,168	91,910	69,013	93,320	132,378
利益率（％）	14.7	11.4	9.3	12.3	15.5
1株利益（円）	538.99	423.50	301.32	472.71	656.31
1株当たり配当額（円）	160	180	200	200	220
自己資本比率（％）	73.9	76.7	74.8	74.1	75.0
自己資本利益率（％）	13.0	9.6	6.8	10.0	12.6
営業活動によるキャッシュ・フロー（百万円）	122,551	98,569	123,641	116,309	144,489
現金及び現金同等物の期末残高（百万円）	304,709	297,682	304,922	300,888	362,046

中外製薬は、利益率、1 株利益ともに右肩上がりです。

成長期待により株価も右肩上がりでしたが、**成長期待が剥落した後は、株価は適正な水準に回帰してきています。**

配当も、利益成長に応じて増配傾向です。

自己資本比率は 80％前後で推移していて、鉄壁といえます。

ROE は極めて高い水準をキープしており、資本効率には何の問題もありません。

営業活動によるキャッシュ・フローはプラスで推移し、手元キャッシュも十分に確保されており、事業継続に何ら不安はありません。

図5-12 ● 中外製薬の経営指標等

決算年月	2018 年 12 月	2019 年 12 月	2020 年 12 月	2021 年 12 月	2022 年 12 月
売上収益（百万円）	579,787	686,184	786,946	999,759	1,259,946
税引前利益（百万円）	121,449	207,893	298,188	419,385	531,166
利益率（％）	20.9	30.3	37.9	41.9	42.2
1 株利益（円）	56.36	95.95	130.66	184.29	227.64
1 株当たり配当額（円）	28.67	46.67	55.00	76.00	78
自己資本比率（％）	82.2	80.6	79.3	77.2	76.2
自己資本利益率（％）	12.8	19.6	23.4	28.0	28.7
営業活動によるキャッシュ・フロー（百万円）	119,074	206,641	205,035	279,626	244,112
現金及び現金同等物の期末残高（百万円）	146,860	203,941	212,333	267,753	222,169

トヨタ自動車 ～どこをとっても問題なし～

　トヨタ自動車は、利益率、1株利益ともに上昇傾向にあり、業績は堅調であることが読み取れます。

　配当は増加傾向にあり、業績の伸びに応じて増配しています。

　自己資本比率は 30%台後半で推移していて、この業種としては問題のない水準です。

　ROE は、概ね 10%以上を保っており、資本効率にも問題はありません。営業活動によるキャッシュ・フローはプラスで推移しており、手元キャッシュも潤沢です。

　事業継続に何の不安もありません。

図5-13 ● トヨタ自動車の経営指標等

決算年月	米国会計基準		国際会計基準		
	2018年3月	2019年3月	2020年3月	2021年3月	2022年3月
営業収益（百万円）	29,379,510	30,225,681	29,866,547	27,214,594	31,379,507
税引前利益（百万円）	2,620,429	2,285,465	2,792,942	2,932,354	3,990,532
利益率（%）	8.9	7.6	9.4	10.8	12.7
1株利益（円）	168.40	130.11	145.49	160.65	205.23
1株当たり配当額（円）	44	44	44	48	52
自己資本比率（%）	37.2	37.3	38.2	37.6	38.8
自己資本利益率（%）	13.7	9.8	10.0	10.2	11.5
営業活動によるキャッシュ・フロー（百万円）	4,223,128	3,766,597	2,398,496	2,727,162	3,722,615
現金及び現金同等物の期末残高（百万円）	3,219,639	3,706,515	4,098,450	5,100,857	6,113,655

　ホンダ（本田技研工業）は、利益率、1株利益ともに、2020年3月期にボトムをつけてからは改善傾向です。

　配当は多少の振れ幅はあるものの、長い目で見れば増配の傾向にあるといえます。自己資本比率は40％前後で推移しており、財務健全性に問題はありません。

　ROEはやや物足りない水準で、資本効率に課題を残しており、今後の推移に注視が必要でしょう。

　営業活動によるキャッシュ・フローはプラスで推移しており、手元キャッシュも潤沢です。事業継続に何の問題もありません。

図5-14 ● ホンダの経営指標等

決算年月	2018年3月	2019年3月	2020年3月	2021年3月	2022年3月
売上収益（百万円）	15,361,146	15,888,617	14,931,009	13,170,519	14,552,696
税引前利益（百万円）	1,114,973	979,375	789,918	914,053	1,070,190
利益率（％）	7.3	6.2	4.2	5.0	6.0
1株利益（円）	590.79	345.99	260.13	380.75	411.09
1株当たり配当額（円）	100	111	112	110	120
自己資本比率（％）	41.0	40.5	39.2	41.4	43.7
自己資本利益率（％）	13.9	7.5	5.6	7.7	7.2
営業活動によるキャッシュ・フロー（百万円）	987,671	775,988	979,415	1,072,379	1,679,622
現金及び現金同等物の期末残高（百万円）	2,256,488	2,494,121	2,672,353	2,758,020	3,674,931

　シマノは、利益率はかなり高い水準で推移していて、1株利益も着実に成長しています。

　配当は、記念配当等の特殊要因を除けば減配はなく、極めて安定的です。自己資本比率は90％前後を推移しており、驚異的な財務堅牢性を有しています。

　ROEも高く、資本効率も問題ありません。

　営業活動によるキャッシュ・フローはプラスを保ち続け、手元キャッシュも潤沢にあり、事業継続に何ら問題はなく、**経営指標的にはパーフェクトといえます。**

　株価は高値圏で推移しており、投資の成否を決めるのは安く買えるかどうかにかかっています。

図5-15 ● シマノの経営指標等

決算年月	2018年12月	2019年12月	2020年12月	2021年12月	2022年12月
売上高（百万円）	348,035	363,230	378,040	546,515	628,909
経常利益（百万円）	73,588	69,471	81,471	152,562	176,568
利益率（％）	21.1	19.1	21.6	27.9	28.1
1株利益（円）	581.77	559.15	684.71	1,252.62	1,408.22
1株当たり配当額（円）	155	155	355	235	260
自己資本比率（％）	90.0	90.8	89.6	87.3	89.6
自己資本利益率（％）	12.2	11.0	12.5	20.2	18.9
営業活動によるキャッシュ・フロー（百万円）	49,593	67,897	91,050	112,439	110,684
現金及び現金同等物の期末残高（百万円）	176,392	264,738	300,197	357,773	417,266

ダイキン工業は、利益率、1株利益ともに安定的に推移しています。**配当は据え置きの年度もありますが、長期的には右肩上がりです。**

自己資本比率は50%台前半で推移しており、財務健全性に問題はありません。

ROEは10%以上の水準をキープし、資本効率は良好といえるでしょう。営業活動によるキャッシュ・フローはプラスで推移し、手元キャッシュも潤沢です。

事業継続に何ら問題はないといえるでしょう。

図5-16 ● ダイキン工業の経営指標等

決算年月	2018年3月	2019年3月	2020年3月	2021年3月	2022年3月
売上高（百万円）	2,290,560	2,481,109	2,550,305	2,493,386	3,109,106
経常利益（百万円）	255,019	277,074	269,025	240,248	327,496
利益率（%）	11.1	11.2	10.5	9.6	10.5
1株利益（円）	646.53	646.39	583.61	533.97	743.88
1株当たり配当額（円）	140	160	160	160	200
自己資本比率（%）	52.4	52.4	53.8	51.4	51.5
自己資本利益率（%）	15.7	13.9	12.0	10.1	12.0
営業活動によるキャッシュ・フロー（百万円）	223,740	250,009	302,166	374,691	245,071
現金及び現金同等物の期末残高（百万円）	357,027	367,189	321,151	662,267	717,802

SMC は、利益率が驚異的な高さで推移しています。

1株利益に関しても、振れ幅はあるものの安定的です。配当は据え置きもありますが、長い目で見れば増配傾向となっています。

自己資本比率は 80％台後半で推移し、財務基盤は鉄壁です。

ROE は概ね高い水準を保っていて、資本効率に問題はありません。

営業活動によるキャッシュ・フローはプラスで推移し、手元キャッシュも十分に確保されており、事業継続に何ら不安はありません。

図5-17 ● SMC の経営指標等

決算年月	2018 年 3 月	2019 年 3 月	2020 年 3 月	2021 年 3 月	2022 年 3 月
売上高（百万円）	591,035	576,948	526,000	552,178	727,397
経常利益（百万円）	196,846	198,201	158,450	171,827	272,981
利益率（％）	33.3	34.4	30.1	31.1	37.5
1 株利益（円）	2,036.33	1,943.35	1,656.44	1,831.98	2,923.76
1 株当たり配当額（円）	400	400	400	500	750
自己資本比率（％）	85.4	89.3	89.9	89.4	87.9
自己資本利益率（％）	12.6	10.9	8.9	9.3	13.2
営業活動によるキャッシュ・フロー（百万円）	154,315	75,627	124,610	120,473	156,093
現金及び現金同等物の期末残高（百万円）	322,690	312,366	399,128	561,540	559,296

キーエンスは、利益率が驚愕の高さで推移しています。

1株利益も堅調に推移し、配当も安定的。自己資本比率は90％以上で推移し、その財務基盤は堅牢堅固、難攻不落の要塞のごとし、です。

ROE は高い水準を保っていて、資本効率も良好。

営業活動によるキャッシュ・フローはプラスで推移し、手元キャッシュも十分に確保されており、その経営基盤は盤石といえます。

キーエンスは、超高収益企業としてマスメディアでたびたび取り上げられている企業です。

経営指標的には完璧といっても過言ではなく、非常に魅力的な企業ではありますが、このような人気のある銘柄は株価も高くなってしまいます。それゆえ、投資妙味がないケースも多い点に留意が必要です。

どんなによい銘柄であったとしても、妥当な株価水準で投資しなければ、リターンは期待できないことを覚えておきましょう。

図5-18 ● キーエンスの経営指標等

決算年月	2018 年 3月	2019 年 3月	2020 年 3月	2021 年 3月	2022 年 3月
売上高（百万円）	526,847	587,095	551,843	538,134	755,174
経常利益（百万円）	298,860	319,860	280,253	286,594	431,240
利益率（％）	56.7	54.5	50.8	53.3	57.1
1株利益（円）	868.33	932.46	816.91	813.47	1,250.83
1株当たり配当額（円）	100	200	200	200	200
自己資本比率（％）	92.9	94.8	95.8	95.2	93.5
自己資本利益率（％）	16.41	15.23	11.84	10.75	14.85
営業活動によるキャッシュ・フロー（百万円）	202,934	209,380	203,434	192,652	271,476
現金及び現金同等物の期末残高（百万円）	280,260	265,894	222,903	189,875	396,165

村田製作所は、利益率は振れ幅があるものの、高い水準で推移しています。

1株利益は、長い目で見れば右肩上がりで、配当は毎年増配されています。自己資本比率も高い水準で推移しており、財務基盤は堅牢です。

ROE は高い水準を維持しており、資本効率に問題はありません。

営業活動によるキャッシュ・フローはプラスで推移し、手元キャッシュも十分に確保されています。

事業継続に何の問題もありません。

図5-19 ● 村田製作所の経営指標等

決算年月	2018 年 3月	2019 年 3月	2020 年 3月	2021 年 3月	2022 年 3月
売上高（百万円）	1,371,842	1,575,026	1,534,045	1,630,193	1,812,521
税引前利益（百万円）	167,801	267,316	254,032	316,417	432,702
利益率（%）	10.7	25.4	16.6	19.4	23.9
1株利益（円）	228.62	323.45	286.05	370.51	490.95
1株当たり配当額（円）	86.67	93.33	97	115	130
自己資本比率（%）	81.1	78.3	75.3	78.0	80.6
自己資本利益率（%）	10.4	13.5	11.1	13.1	15.0
営業活動によるキャッシュ・フロー（百万円）	225,249	279,842	350,334	373,571	421,458
現金及び現金同等物の期末残高（百万円）	187,910	217,805	302,320	407,699	512,072

　HOYA は、利益率は極めて高い水準で推移しています。

　1株利益は増加傾向で、配当は据え置き時期もありますが、長い目で見れば増配傾向にあります。

　自己資本比率は 80％前後で推移し、鉄壁の財務基盤です。

　ROE は非常に高い水準を保ち続け、抜群の資本効率を誇っています。営業活動によるキャッシュ・フローはプラスで推移し、手元キャッシュは十分に確保されています。

　経営基盤は盤石です。

図5−20 ● HOYA の経営指標等

決算年月	2018 年 3 月	2019 年 3 月	2020 年 3 月	2021 年 3 月	2022 年 3 月
売上収益（百万円）	535,612	565,810	576,546	547,921	661,466
税引前利益（百万円）	124,248	144,657	147,268	159,218	210,706
利益率（％）	23.2	25.6	25.5	29.1	31.9
1 株利益（円）	258.46	321.55	303.27	335.77	446.45
1 株当たり配当額（円）	75	90	90	90	110
自己資本比率（％）	80.9	81.6	79.5	80.6	81.0
自己資本利益率（％）	19.2	21.2	18.0	18.8	22.1
営業活動によるキャッシュ・フロー（百万円）	135,499	146,588	163,366	151,812	190,055
現金及び現金同等物の期末残高（百万円）	245,835	293,397	317,982	334,897	419,404

テルモ 〜安定しているが、ROEに若干の注意を〜

　テルモは、利益率は高い水準を維持しており、1株利益も安定的です。配当は毎年増配していますし、自己資本比率は高い水準で推移していて、財務健全性に問題はないでしょう。

　ROEは問題のない水準にありますが、**減少傾向にあるため注視が必要です。**

　営業活動によるキャッシュ・フローはプラスで推移し、手元キャッシュも十分に確保されています。

　事業継続に何の問題もありません。

図5-21 ● テルモの経営指標等

決算年月	2018年3月	2019年3月	2020年3月	2021年3月	2022年3月
売上収益（百万円）	587,775	599,481	628,897	613,842	703,303
税引前利益（百万円）	106,630	102,709	106,466	97,060	114,501
利益率（%）	18.1	17.1	16.9	15.8	16.3
1株利益（円）	129.56	108.70	113.96	102.33	117.45
1株当たり配当額（円）	25	27	28	29	34
自己資本比率（%）	50.9	62.3	60.8	63.4	68.7
自己資本利益率（%）	17.5	12.7	11.7	9.6	9.5
営業活動によるキャッシュ・フロー（百万円）	114,562	93,571	117,479	121,485	141,467
現金及び現金同等物の期末残高（百万円）	167,832	122,982	166,898	200,770	205,251

　任天堂は、利益率、1株利益ともに上昇傾向です。

　配当は増配傾向にあるものの、業績連動型配当のため、振れ幅が大きくなっています。

　自己資本比率は80％前後で推移しており、財務基盤は鉄壁です。

　ROEは高い水準を保っていて、資本効率に問題はありません。

　営業活動によるキャッシュ・フローもプラスで推移しており、手元キャッシュは潤沢です。事業継続に問題はありません。

　任天堂の業績はここ数年、好調を維持しています。

　このまま好調が続けばいいのですが、ゲーム業界はヒットが生まれなければ、業績が急激に悪化するもの。

　そうなると、業績連動型の配当政策を採用している任天堂では、大幅な減配を余儀なくされます。

　実際に、ヒットが生まれなかった10年ほど前は、かなり苦しい経営

図5-22 ● 任天堂の経営指標等

決算年月	2018年 3月	2019年 3月	2020年 3月	2021年 3月	2022年 3月
売上高（百万円）	1,055,682	1,200,560	1,308,519	1,758,910	1,695,344
経常利益（百万円）	199,356	277,355	360,461	678,996	670,813
利益率（％）	18.9	23.1	27.5	38.6	39.6
1株利益（円）	116.23	161.55	217.12	403.26	404.67
1株当たり配当額（円）	59	81	109	222	203
自己資本比率（％）	80.75	83.40	79.66	76.60	77.71
自己資本利益率（％）	10.86	14.22	17.53	28.13	24.23
営業活動によるキャッシュ・フロー（百万円）	152,208	170,529	347,753	612,106	289,661
現金及び現金同等物の期末残高（百万円）	484,480	585,378	621,402	932,079	1,022,718

を強いられ、2012年3月期と2014年3月期は赤字でした。

　当然、配当も大幅な減配となり、株価も大きく下げています。

　そのようなリスクを内包した銘柄であるということは、きちんと理解しておく必要があるでしょう。

SGホールディングス ～堅調な業績により増配傾向～

　SGホールディングスは、利益率、1株利益ともに上昇傾向にあり、業績が堅調であることが読み取れます。

　配当も、堅調な業績に支えられて増配傾向です。

　自己資本比率は上昇傾向にあり、財務基盤は改善してきています。

　ROEは、高い水準を維持しており、資本効率に問題はありません。

　営業活動によるキャッシュ・フローはプラスで推移し、手元キャッシュは確保されており、事業の継続に問題はないといえるでしょう。

図5-23 ● SGホールディングスの経営指標等

決算年月	2018年3月	2019年3月	2020年3月	2021年3月	2022年3月
営業収益（百万円）	1,045,032	1,118,094	1,173,498	1,312,085	1,588,375
経常利益（百万円）	64,870	74,766	80,532	103,666	160,289
利益率（%）	6.2	6.7	6.9	7.9	10.1
1株利益（円）	57.74	68.43	74.45	117.03	168.02
1株当たり配当額（円）	16.5	20.5	22	35	50
自己資本比率（%）	46.4	46.6	49.7	50.4	53.8
自己資本利益率（%）	11.7	12.7	12.8	19.0	23.9
営業活動によるキャッシュ・フロー（百万円）	101,049	86,758	53,589	121,294	81,822
現金及び現金同等物の期末残高（百万円）	108,556	101,705	68,706	69,165	87,398

　上組は、利益率、1株利益ともに上昇傾向にあり、業績の堅調さをうかがい知ることができます。

　配当は増加傾向。自己資本比率は80%以上で推移しており、財務基盤は鉄壁といっていいでしょう。

　ROEは、自己資本比率が高く、他人資本を活用していないこともあり、低い水準にあります。そのため、**今後の資本効率の改善に注視が必要です。**

　営業活動によるキャッシュ・フローはプラスで推移し、手元キャッシュも十分に確保されています。

　事業継続に何の不安もありません。

図5-24 ● 上組の経営指標等

決算年月	2018年3月	2019年3月	2020年3月	2021年3月	2022年3月
営業収益（百万円）	261,420	274,893	278,815	239,314	261,681
経常利益（百万円）	24,630	25,235	26,407	26,184	30,875
利益率（%）	9.4	9.2	9.5	10.9	11.8
1株利益（円）	146.63	152.20	155.06	152.97	180.14
1株当たり配当額（円）	35	45	46	50	73
自己資本比率（%）	83.9	83.5	83.9	84.3	84.2
自己資本利益率（%）	5.6	5.6	5.5	5.2	5.8
営業活動によるキャッシュ・フロー（百万円）	29,143	30,456	33,701	29,561	37,036
現金及び現金同等物の期末残高（百万円）	51,578	52,293	32,137	22,780	46,364

　セブン&アイ・ホールディングスは、利益率は小売業としては平均的
な水準で推移しており、1株利益の推移も安定的です。

　配当は増加傾向にあります。

　**自己資本比率が、米国における大型買収の影響を受けて悪化していま
すが、問題のない水準です。**

　ROEは安定を保ち続けて、営業活動によるキャッシュ・フローはプ
ラスで推移し、手元キャッシュは十分に確保されています。

　事業継続に問題はないといえるでしょう。

図5-25 ● セブン&アイ・ホールディングスの経営指標等

決算年月	2018年2月	2019年2月	2020年2月	2021年2月	2022年2月
営業収益（百万円）	6,037,815	6,791,215	6,644,359	5,766,718	8,749,752
経常利益（百万円）	390,746	406,523	417,872	357,364	358,571
利益率（%）	6.5	6.0	6.3	6.2	4.1
1株利益（円）	204.80	229.50	246.95	203.03	238.68
1株当たり配当額（円）	90	95	98.5	98.5	100
自己資本比率（%）	44.2	43.5	43.4	38.4	34.1
自己資本利益率（%）	7.6	8.2	8.5	6.8	7.5
営業活動によるキャッシュ・フロー（百万円）	498,306	577,878	576,670	539,995	736,476
現金及び現金同等物の期末残高（百万円）	1,300,383	1,310,729	1,354,856	2,183,837	1,414,890

ニトリホールディングス 〜連続増配銘柄として有名〜

　ニトリホールディングスは、利益率はかなり高い水準をキープしており、1株利益も堅調な増加傾向を見せています。

　配当も毎年増加していて、連続増配銘柄としてもよく知られています。自己資本比率は高く、財務健全性に問題はありません。

　ROEは高い水準を持続していて、資本効率はかなり優れているといえるでしょう。

　営業活動によるキャッシュ・フローはプラスで推移し、手元キャッシュも十分です。事業継続に何の問題もありません。

　ニトリホールディングスは株主優待制度を導入しています。

　値がさ株のため100株保有するのは骨が折れますが、店舗で利用できる割引券がもらえるため、ニトリを普段から利用している方には魅力的だと思います。

図5-26 ● ニトリホールディングスの経営指標等

決算年月	2018年2月	2019年2月	2020年2月	2021年2月	2022年2月
売上高（百万円）	572,060	608,131	642,273	716,900	811,581
経常利益（百万円）	94,860	103,053	109,522	138,426	141,847
利益率（%）	16.6	16.9	17.1	19.3	17.5
1株利益（円）	574.49	608.05	635.42	817.01	856.71
1株当たり配当額（円）	92	97	108	123	140
自己資本比率（%）	80.1	80.7	82.0	69.0	74.5
自己資本利益率（%）	15.4	14.5	13.5	15.3	14.1
営業活動によるキャッシュ・フロー（百万円）	76,840	81,664	99,337	150,879	85,565
現金及び現金同等物の期末残高（百万円）	60,923	100,053	140,791	125,487	127,076

　オリックスは、利益率も1株利益も、コロナ禍等の特殊要因を除けば、概ね安定的に推移しています。

　配当は据え置きの年度はあるものの、増加傾向です。

　自己資本比率は20%台前半で推移しているため、低く見えますが、**業種の特性上そのようになるのはやむを得ません。**

　財務健全性を確認する時は、同業他社と比較する必要があります。ちなみに、オリックスは問題のない水準です。

　ROEも、問題のない水準で推移しています。営業活動によるキャッシュ・フローはプラスで推移し手元キャッシュも十分です。

　事業継続に問題はないといえるでしょう。

図5-27 ● オリックスの経営指標等

決算年月	2018年 3月	2019年 3月	2020年 3月	2021年 3月	2022年 3月
営業収益（百万円）	2,862,771	2,434,864	2,280,329	2,292,708	2,520,365
税引前利益（百万円）	435,501	395,730	412,561	287,561	504,876
利益率（％）	15.2	16.3	18.1	12.5	20.0
1株利益（円）	244.40	252.92	237.38	155.54	259.37
1株当たり配当額（円）	66	76	76	78	85.6
自己資本比率（％）	23.5	23.8	22.9	22.3	22.9
自己資本利益率（％）	12.1	11.6	10.3	6.4	9.9
営業活動によるキャッシュ・フロー（百万円）	568,791	587,678	1,042,466	1,102,414	1,103,370
現金及び現金同等物の期末残高（百万円）	1,405,117	1,283,580	1,135,284	1,079,575	1,091,812

　三井不動産は、利益率、1株利益ともに、コロナ禍等の特殊要因を除けば、堅調に推移しています。

　配当は増配傾向にあり、自己資本比率は30％台で低く見えるかもしれませんが、不動産業としては問題のない水準です。

ROE はやや低い水準にあるため、今後の動きは注意した方がいいでしょう。

　営業活動によるキャッシュ・フローはプラスで推移し、手元キャッシュも確保されています。

　事業継続に問題はありません。

図5-28 ● 三井不動産の経営指標等

決算年月	2018 年 3 月	2019 年 3 月	2020 年 3 月	2021 年 3 月	2022 年 3 月
売上高（百万円）	1,751,114	1,861,195	1,905,642	2,007,554	2,100,870
経常利益（百万円）	240,341	254,106	258,510	168,865	224,940
利益率（％）	13.7	13.7	13.6	8.4	10.7
1 株利益（円）	157.75	171.30	188.35	134.44	184.44
1 株当たり配当額（円）	40	44	44	44	55
自己資本比率（％）	35.1	34.4	32.6	33.0	34.1
自己資本利益率（％）	7.4	7.4	7.7	5.2	6.6
営業活動によるキャッシュ・フロー（百万円）	30,143	216,709	87,094	187,862	271,469
現金及び現金同等物の期末残高（百万円）	100,708	157,682	179,472	187,723	142,682

　三菱地所は、利益率も１株利益も、**コロナ禍等の特殊要因を除けば堅調に推移しています。**

　配当は、配当性向30％としているため減配した時期もありましたが、長期的には増加傾向です。

　自己資本比率は、不動産業としては問題のない数値といえるでしょう。ROE も、概ね問題のない水準にあります。

　営業活動によるキャッシュ・フローはプラスで推移し、手元キャッシュも確保されています。

　事業継続に問題はないことが読み取れます。

図5-29 ● 三菱地所の経営指標等

決算年月	2018 年 3 月	2019 年 3 月	2020 年 3 月	2021 年 3 月	2022 年 3 月
営業収益（百万円）	1,194,049	1,263,283	1,302,196	1,207,594	1,349,489
経常利益（百万円）	190,506	206,587	219,572	210,965	253,710
利益率（％）	16.0	16.4	16.9	17.5	18.8
1 株利益（円）	86.78	96.97	108.64	101.34	116.45
1 株当たり配当額（円）	26	30	33	31	36
自己資本比率（％）	29.3	30.7	29.6	30.5	30.8
自己資本利益率（％）	7.3	7.8	8.5	7.6	8.1
営業活動によるキャッシュ・フロー（百万円）	293,338	345,954	341,766	207,414	280,090
現金及び現金同等物の期末残高（百万円）	286,859	179,308	213,008	172,307	234,244

今はまだ理解できなくても、何度も繰り返そう

　以上、暴落時に投資を検討したい29銘柄の経営指標等を確認してきました。

　いずれもその業界におけるトップクラスの企業で、**株価次第では投資したくなるような強みをもっています。**

　日本の株式市場には、紹介しきれなかった優良企業がまだまだ数多く存在しています。

　今後は、ぜひともみなさん自身の手で、日本の優良銘柄を発掘していってください。

　さて、ここまで第4章で17銘柄、第5章で29銘柄、合計46銘柄の経営指標等を確認してきました。

「何度も同じような視点でチェックすることに飽き飽きしてしまった」という方もいらっしゃると思います。

　仮にそうなっていればしめたもの。

　なぜならそれは、銘柄を分析する際の視点を身につけられたことを意味するから。

　今後は、自分の気になった銘柄を自分の力で、相応の精度をもって分析できるはずです。

　自信をもってください。

　また、今は理解が及ばない方も、決してあきらめる必要はありません。

　最初は誰でも上手くいかないものです。

　ですが、繰り返しコツコツと努力を積み重ねていけば、いずれは理解できるようになる日が必ず来ます。

　今後も投資を検討する際には、本書を開いて投資家の視点を思い起こすようにしてみてください。

　ある日突然、これまでとは違って、霧が晴れたように理解できている

自分に気がつくでしょう。

「長期的な資産形成」という観点での株式投資に、才能は必要ありません。

積み重ねた努力は必ず報われる。

私はそう確信しています。

当然儲かったうえで 「幸せ」も最大化する ポートフォリオの作り方

　ここまで読み進めたみなさんは、ご自身で銘柄を検索し、その経営状況を確認し、株価が割安な水準にあるのかどうかを判断する知識を得ました。

　あとは自分で選択した銘柄へ実際に投資して、試行錯誤しながら経験を積むことで、投資家としての練度は飛躍的に高まります。

　短期的な株価の動きに一喜一憂することなく、長期的な視点でじっくりと取り組んでみてください。

　5年後、10年後には、基本をしっかりと身につけた、マーケットから退場させられることとは無縁の堅実な投資家となり、また、あわせて株式投資のリターンも享受できていることでしょう。

　さて、第6章では、これまで学んできたことの中でとくに重要なポイントにコメントを添え、簡潔に振り返っていきたいと思います。

　また、投資戦略策定の手順や考え方についても触れています。

　定期的にざっくりと読み返すことで、知識の定着に活用していただければ幸いです。

　一部、前作の内容も含まれていますが、本書を読み進めてきた今の知識レベルで再確認することにより、新たな気づきもあるはずです。

　もう少し深く理解したいと感じた場合は、前書もあわせて読み返してみてください。

　それでは一つひとつ確認していきましょう。

■ 配当利回り

・投資した金額に対して、受け取ることのできる配当金が投資額の何％になるのか、という投資指標
・業績が安定していれば、配当利回りが高い時に投資するのがよい
・増配余力があるため、配当性向（利益の何％を配当しているか）が低い方がよい

- 連続増配銘柄か、累進配当銘柄（減配せず配当を維持、または増配する銘柄）を選択するのがよい

- 計算式 | 配当利回り（％）＝ 1 株当たりの配当金÷株価× 100 |

■ EPS（1 株利益）

- EPS（1 株利益）とは、1 株当たりの利益額
- Earnings Per Share の略。Earnings は「利益」、Per は「〜ごと」、Share は「株式」という意味
- EPS が安定していて、かつ長期的に伸長している銘柄がよい
- EPS が安定している銘柄は、株価が暴落しても、いずれは戻す

■ PER（株価収益率）

- 株価が EPS（1 株利益）の何倍か、という指標
- Price Earnings Ratio の略。Price は「株価」、Earnings は「収益」、Ratio は「率」という意味
- 業種にもよるが、一般的に 15 倍前後で適正。10 倍以下は割安。20 倍以上は割高
- 過去 5 年程度の PER レンジ（数値の幅）で、低い時に投資するのがよい
- 株価下落局面では、PER だけでは判断できず、他の指標を複合的に使う（バリュートラップを回避する）

- 計算式 | PER ＝株価÷ EPS（1 株利益） |

■ 自己資本比率

- 財務健全性を確認するための指標
- 数値が高いほどに財務は健全
- 業種によって適正な水準が異なるため、業界平均との比較を要する
- たとえば総合商社業界なら 30％台、リース業界なら 10％台でも適正

- 計算式 | 自己資本比率（％）＝自己資本÷総資本× 100 |

■ 売上高営業利益率

・売り上げに対して、どの程度の利益が出ているかという指標
・数値が高いほどに儲かっており、競争力を有している
・安定的に 10%以上で推移していれば優秀

・計算式　| 売上高営業利益率（%）＝営業利益÷売上高× 100 |

■ PBR（株価純資産倍率）

・純資産に対して、株価が割安か割高かを判断するための指標
・Price Book-value Ratio の略。Price は「株価」、Book-value は「純資産（帳簿価格）」、Ratio は「倍率（比率）」という意味
・暴落時に底値を探るモノサシとなる
・リーマンショック時でも 0.8 倍以下になっておらず、暴落時における最悪は日経平均 PBR 0.81 倍

■ ROE（自己資本利益率）

・投資家から集めた資金で効率的に利益を上げられているか、判断するための指標
・Return On Equity の略。Return は「利益」、Equity は「株式」で、株主が投資したお金に対しての利益という意味
・数値が高いほど資本効率がよい
・借入金を増やせば ROE を高めることができる（借金≒他人資本を増やすことでごまかしがきく）
・ROE が高くて、かつ、自己資本比率も高い、というように他の指標と組み合わせて判断することで精度が上がる

・計算式　| ROE（%）＝純利益÷自己資本× 100 |

■ 世界最高の投資家の言葉

　以上が、個別銘柄のバリュエーションを判断する際の指標です。
　さらに株価が暴落してチャンスが到来した時には、VIX 指数を組み

合わせて判断することで、投資の精度を上げることができます。

　たとえば、VIX指数が40以上、日経平均PBRが1倍以下などの条件が揃った時には、大きい金額を投資する等のルールをあらかじめ設定しておけば、いざ暴落に直面しても、冷徹な目で粛々と投資を継続できるはずです。

　またVIX指数が10付近を推移している時など、過熱感がある時には、新規の投資を控えめにすることで、高値をつかまされるという状況も回避しやすくなります。

　世界最高の投資家と呼ばれるウォーレン・バフェットは次のように言っています。

「皆が貪欲になっている時には恐れ、皆が恐れている時には貪欲でありなさい」

　「皆が貪欲になっている時」とは、相場が好調で買い手が多くいることから、株価が適正な水準を超えて割高となっている状態のこと。

　つまりPERは高く、配当利回りは低くなっている銘柄が多い時を指します。

　反対に、「皆が恐れている時」とは、株価が暴落して買い手がいなくなることから、株価が適正な水準を大きく下回っている状態。

　つまりPERが低く、配当利回りが高くなっている時のこと。

　バリュエーションの観点からは、明らかに暴落時が買い場なのですが、**株価下落の恐怖から、多くの個人投資家がその逆の行動をとってきたのが、株式投資の歴史であることは覚えておいてください。**

　そして、皆が恐れている暴落時こそが、絶好の買い場であることも、あわせて胸に刻んでおきましょう。

上手くいかなかった時こそ、学ぶチャンス

　ここまでみなさんは、主要な投資指標を再確認し、どのような時に買

うと投資妙味があるのかを学んできました。

　今後、ご自身で銘柄を検索して投資判断をおこなう際には、一つひとつの投資指標をチェックして、**どのような仮説をもとに投資したのか、メモを残すようにしておきましょう。**

　そうすることによって、後日振り返った際に、自分の想定通りに動いたのか、あるいは想定外の動きとなったのか、検証することができます。

　そして、**上手くいかなかった時にこそ、失敗をそのままにしておかず、失敗した理由とどのようにすればよかったのかを考え抜き、次の投資に活かすことが大切です。**

　そのような試行錯誤を繰り返すことで投資の習熟度は向上し、負ける確率を減らしていくこともできるでしょう。

■ チェックリストを作る

　図6-1 は投資判断のチェックリスト作成例です。

　あらかじめ確認しておきたい項目についてチェックリストを準備しておき、気になった銘柄があれば表に記入していくことで、客観的な判断

図6-1 ● 投資判断のチェックリスト作成例

		銘柄				
		JT	NTT	花王	三菱商事	東京海上
投資指標	配当利回りに納得できるか？	○	○	△	○	×
	EPSは安定的か？　成長しているか？					
	PERは過去5年レンジで低い水準か？					
	自己資本比率は業界平均と比べ高いか？					
	売上高営業利益率は10%以上か？					
	PBRは過去5年レンジで低い水準か？					
	ROEは業界平均と比べ高いか？					
相場環境	VIX指数は40以上か？	×				
	日経平均PBRは1倍以下か？	×				

ができるようになります。

　こちらをそのまま使うのもいいと思いますが、**具体的な配当利回りや株主優待の有無など、気になる点を自分で付け加え、使いやすいように工夫しながら活用してみてください。**

　注意点として、チェックリストのすべての項目において、基準を満たすということはほぼないでしょう。

　ですので、リストの内、どの程度を満たした場合に投資できるかを判断し、また、実際に投資した後も振り返って検証することで、投資の精度を向上させていってください。

■ 自分だけのポートフォリオを作る3つのステップ

　どの銘柄へ投資するかを決定したら、あとは具体的に買っていくことになります。

　投資初心者が、株価暴落時にもマーケットから退場させられることなく、長く続けられる手法として、以下の手順を踏むことをオススメしています。こちらは前作で詳しく解説しています。

STEP1　**20銘柄を1株ずつ買う**
STEP2　**各銘柄への投資金額を均一に調整**
STEP3　**キャッシュを含めてポートフォリオを考える**

　ポイントだけを述べると、まずは各銘柄を1株ずつ買ってポートフォリオを作ります。

　STEP1を終えた段階では、各銘柄への投資金額についてバラツキが生じます。

　そこで、株価の安い銘柄を買い増ししていくことで、各銘柄への投資額を均一に調整していきます。これでSTEP2が完了です。

　あとはSTEP1とSTEP2を繰り返すことで、バランスのとれたポートフォリオが次第に大きくなっていきます。

　ある程度、投資金額が膨らんできたら、キャッシュを含めてポートフォリオのバランスをとるようにしましょう。

　一例として、年齢と同じ数値のパーセントを現金としてポートフォリ

オに組み込みます。

　年齢 30 歳、100 万円の運用資金があれば、100 万円の 30%にあたる 30 万円をキャッシュで保有し、残りの 70 万円を株式で保有するようにしましょう。

　これで STEP3 まで完了です。

　投資余力を残しておくことで、暴落時にも機動的に対処できるポートフォリオが完成しました。

　前作では、私が 1 株投資をおこなう際には SBI ネオモバイル証券を利用していると記載しましたが、SBI 証券との経営統合に伴い、現在は新規申込を停止しています。

　状況は流動的ですので、確実なことはいえませんが、経営統合の後には SBI 証券の S 株（単元未満株取引）を利用する予定です。

　この本を執筆している現在の手数料体系では、単元未満株の売却時に最低手数料がかかるのですが、買付手数料は無料であり、長期保有を前提としている投資家にとっては、さほど影響はないと考えます。

■ 投資する目的と戦略を明確に

　物事を進めていく上で、事前に計画を立てることは極めて大切です。

　計画を立てておかなければ、「目的を実現するまで、どの程度の進捗状況となっているのか」「このまま進めることで、目的を実現できそうなのか」などの判断が行き当たりばったりとなってしまうからです。

　事前に綿密な計画を立てておけば、物事が上手く運ばなかった場合にも途中で修正しやすく、目的の達成がより現実的なものになります。

　そのような計画を立てる際に役立つのが、戦略なのです。

　株式投資においても、目的を明確にして、この戦略を練ることによって、より具体的で実現可能性の高い資産運用が可能となるのです。

　では、そもそも、戦略とは何でしょうか。

　もともとは軍事用語で、**「目的を達成するために、資源をどのようにして効率的に配分・運用するか」**という概念です。

　また、戦略とあわせて、戦術という言葉もよく目にすると思います。

　これは、戦略を実現するためにとられる具体的な手段のこと。

簡単にいうと、**目的を達成するために戦略を策定して、戦略を実現するために戦術を策定するのです。**

　戦略は、戦術を包括する大きな概念です。

　資産運用という観点から考えてみましょう。

　たとえば、「目的」は FIRE（Financial Independence, Retire Early：経済的自立を達成することにより早期退職すること）を実現して、自分のやりたいことをする。

　FIRE を達成するための「戦略」として、株式投資で資産形成する。

　戦略を実現するための「戦術」として、投資信託や NTT の株を買う。

　このように、「目的」⇒「戦略」⇒「戦術」という順序で考えていくのが一般的です。

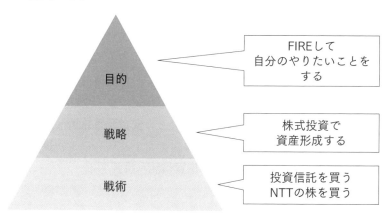

■ まず最初に「目的」を考える

　日本の組織論について書かれた名著『失敗の本質』（戸部良一、他／ダイヤモンド社）では、**「戦略の失敗は戦術では補えない」「目的のあいまいな作戦（戦略）は必ず失敗する」**といった考察がなされています。

　目的なき戦略は必ず失敗すると喝破していることからも、まずは目的をじっくりと考えていく必要があるでしょう。

　仮に、経済的自立を達成して自由に生きることを目的とするのであれば、目的達成のための戦略として、

① 労働と勤倹貯蓄により生涯生活費を貯める
② **個別株投資や J-REIT（不動産投資信託）への投資**により、配当で生活費を賄う
③ 配当を出さないインデックスファンドへ投資し、**資産運用をしつつ毎年の運用益分を生活費として取り崩していく**（※ 4％ルールが有名で、年間の生活費の 25 年分の資産を貯めて、物価上昇率を控除した実質リターンを年 4％で運用していけば、FIRE 達成後の生活費を 4％の範囲内とすることで、資産を減らすことなく生活できるとされています）
④ ①〜③を複合的に取り入れる

などが選択肢として考えられます。

上記の戦略を実現するための戦術は、

① 収入を増やすために、労働時間を増やす。節約のために、外食を控える
② NTT や日本ビルファンド投資法人などの**安定配当銘柄へ投資**する
③ eMAXIS Slim 全世界株式（オール・カントリー）など、**長期的なリターンの期待値が安定している投資信託へ投資**する
④ ①〜③を複合的に取り入れる

などが挙げられるでしょう。

前作では、受取配当総額を増やしていくことを投資戦略としました。

その戦略を実現するための手段として、具体的に 1 株ずつ積立投資していくことを戦術として紹介したのです。

戦略も戦術も、馴染みのない言葉かもしれませんが、目的の実現に向けてロジックを組み立てる際に役立ちます。

すぐにはピンとこないかもしれませんが、普段から意識して使っているうちに自然と理解できるようになるはずです。

目的、戦略、戦術を実際に作ってみよう

■ 具体的に書き出す

おぼろげながらでも概念がつかめたら、実際に目的、戦略、戦術を文字にして書き出してみましょう。

表を作成する際の注意点として、気合を入れてびっしりと書き込みがちになりますが、極力シンプルにして、読み返した時に一読してスッと頭に入ってくるような状態にしておきましょう。

あまり情報量が多いと、ポイントを思い起こすのに時間を要し、また、後で読み返す気力がなくなってしまいます。

図 6-2 は、目的、戦略、戦術の策定例です。

もちろん、これはあくまで策定例に過ぎません。

みなさん一人ひとりがじっくりと考えて、自分だけのプランを作成してみてください。

人の生き方は十人十色、目指すところも人それぞれで正解はありません。 この機会に、「自分はなぜ、株式投資をするのか」をじっくりと考えてみてもよいと思います。

図 6-2 の策定例では、「目的」は経済的自立としています。

図6-2● 目的、戦略、戦術の策定例

	目的	戦略	戦術
イメージ	経済的自立を達成し、自分の得意なことを仕事にして社会に貢献する	配当を安定的に出す銘柄を中心に投資し、配当収入を増やす	1 株投資で配当を積み上げる（NTT、三菱商事 etc）
数値目標	配当収入＞支出	年間受取配当額＝年間支出÷ 20（20 年で目的達成）	年間受取配当額÷ 12 を毎月積み上げる
備考	—	支出を減らすことでも目標達成は近づく	複利効果が期待できない最初が一番つらいが、耐えれば勝算は高い

具体的には、支出を上回る配当収入を得ることができる体制を構築できれば、数値目標は達成され、目的は実現されます。

「戦略」は、安定配当銘柄への投資で配当収入を増やすとしています。

　数値目標は、20年で目的を達成するために、年間支出額の20分の1の金額を配当で受け取れるようになること。

　支出を減らせば、それだけ目標達成の難度も下がることを備考欄に記載しています。

「戦術」は、NTTや三菱商事などの安定配当銘柄へ1株投資を継続することで、受取配当を積み上げるとしています。

　数値目標は、戦略で設定した年間受取配当額（＝年間支出÷20）÷12とし、戦術レベルでの数値目標の達成が続くことで、戦略目標の達成に結び付くようにします。

　また、備考欄には、配当再投資による複利効果が少ない投資初期の段階が最も困難な時期であり、それを乗り越えられれば目的達成の可能性が高まっていくことを記載しています。

■ 思考を整理する便利ツール3選

　戦略を練る際もそうですが、物事を考える際に便利な考え方というものが存在します。

　やみくもに考えるよりも順序だてて思考を整理した方が、よい戦略に辿り着けることも多いでしょう。

　そんな便利なツール（考え方）をいくつか紹介したいと思います。

【MECE（ミッシー）】

　MECE（ミッシー）とは「モレがなくダブリもない」という意味で、Mutually（互いに）Exclusive（重複しない），Collectively（全体として）Exhaustive（モレがない）の略です。

　投資判断のための選択肢を検討するにあたり、選択肢自体にモレがないか、また、似たような選択肢でダブリが存在していないか、をチェックします。

　たとえば、本章で紹介した投資判断のチェックリスト作成例（**図**

6-1）では、投資指標のチェック項目として、①配当利回り、②EPS、③PER、④自己資本比率、⑤売上高営業利益率、⑥PBR、⑦ROE、を挙げています。

MECEで考えるのであれば、⑧ROA、⑨ROIC ……と、考えられる指標すべてをピックアップしていきます。

その上で、重複している性質の指標がないかをチェックして、あれば削除してダブりのない状態にしていきます。

モレなくダブりなく考えることができると、多くの場合、選択肢が多すぎて膨大な量のデータとその判断作業が必要となってしまいます。

そこで、優先順位をつけて力を入れる部分を明確にすることが必要になります。

本章で紹介した投資判断のチェックリスト作成例（**図6-1**）では、チェック項目をMECE的に考え、その中で重要なものをピックアップしています。

今後、物事を考える際は、MECEを気にかけながら項目を作成し、その後に優先順位をつけることを意識すれば、判断の精度も上がることでしょう。

【ロジックツリー】

ロジックツリーは、**物事をツリー状に書き出すことで、理由や解決策を深掘りして考えていく手法です。**

ロジックとは「論理」を、ツリーとは「木」を意味しており、木が枝分かれしていくように考えを進めていきます。

図6-3はロジックツリーの作成例です。

一番左にNTTへ投資するという判断を記載し、そこから右側へツリー状に理由を記載していきます。

ここでは、「なぜNTTへ投資するのか」という理由について、「配当が安定的であること」「相対的に株価が安いこと」「将来性に期待できること」の3つの理由を挙げています。

さらに将来性に期待できるのはなぜかを深掘りして、IOWN構想

図6-3 ● ロジックツリーの作成例

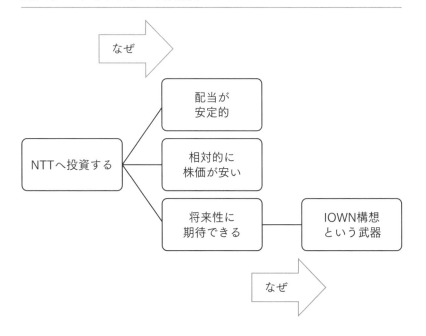

（※ NTT が研究開発を進めている次世代コミュニケーションの基盤の構想）という武器があるからという理由を記載しています。

このように「なぜ？」「なぜ？」「なぜ？」と繰り返して考えていくことで、判断理由が整理され、精度の高い意思決定ができるようになります。

【アップル・トゥ・アップル】

物事を比較する時には、それが意味のある比較かどうかを考える必要があります。

アップル・トゥ・アップルで比較するとは、リンゴとリンゴであれば、形、色、味などを同じ条件で比較できるということを意味します。

ですが、アップル・トゥ・オレンジのように、リンゴとミカンで比べても、形や味が違うため、意味のある比較はできません。

このように**比較をする際は、可能な限り同じものを比較することが必**

要となるのです。

　たとえば、本書では「自己資本比率」という経営指標を学びました。

　銀行業では10%以下の自己資本比率でも健全とされる一方、製造業で自己資本比率が10%以下であれば経営破綻寸前と考えることもできます。

　このように同じ自己資本比率でも、銀行業と製造業を比較することに意味はありません。

　物事を比較検討する時には、それが**アップル・トゥ・アップルで意味のある比較なのかということを意識すると、より精度の高い判断ができるようになります。**

　ここまで、「MECE」「ロジックツリー」「アップル・トゥ・アップル」という物事を考える際に役立つ3つのツールを紹介しました。

　この考え方は、**株式投資だけでなく、普段のビジネスシーンにおいても強力な武器になってくれるはずです。**

　普段から意識して活用してみてください。

この章で伝えたいこと

- 投資判断の際はチェックリストを作成し、活用することで投資の精度を上げよう
- 株式投資をする目的・戦略・戦術を考えて書き出してみよう
- 物事を考える際には、1．MECE（ミッシー）、2．ロジックツリー、3．アップル・トゥ・アップルを意識しよう

配当投資に最適化した
「新NISA」の使い倒し方

　株式投資の世界には、様々な投資手法が存在しています。

　それぞれに特徴があり、その優劣を議論することにはさして意味がなく、個々人が置かれた環境や投資する目的に応じて選択することになります。

　第7章では、株式投資における代表的な投資手法について紹介し、その上で、2024年から始まる新しいNISA制度を踏まえて、どのような投資戦略が有効たりえるかを考えていきたいと思います。

■ バリュー投資：客観的なデータの積み上げから投資を判断

　バリュー投資とは、投資先企業の業績や資産価値等を勘案して、株価が割安な水準にあると考えられる銘柄へ投資する手法です。

　投資判断のモノサシとして、PERやPBRなど伝統的な投資指標を用います。

　基本的なルールさえ覚えてしまえば、多くの投資情報媒体で紹介されている情報の意味を理解して、自分で試行錯誤しながら練度を高めていくことが可能となります。

　バリュー投資の父と呼ばれ、ウォーレン・バフェットの師であるベンジャミン・グレアムは、定量分析の際に活用できる手法を紹介しています。中でも有名なのが「ミックス係数」と「ネットネット株」の概念でしょう。

　「ミックス係数」とは、PER × PBR が 22.5 を下回れば割安とされる考え方です。

　これは、PER 15倍、PBR 1.5倍程度が目安となっているといわれていますが、**割安株が数多く存在している日本の株式市場では、もう少し基準を厳しくしてもよいでしょう。**

　たとえば、PER 10倍、PBR 1倍程度を目安にして、PER 10倍 × PBR 1倍、つまり、ミックス係数が10未満の銘柄を投資対象とするな

ど、あと一手間を加えることで、より負けにくい投資となります。

ミックス係数……PER × PBR ＜ 22.5

「ネットネット株」とは、流動資産から総負債を控除した金額の3分の2よりも時価総額が下回る銘柄のこと。

（流動資産−総負債）を正味流動資産と呼んでいますが、つまりは、この正味流動資産の3分の2程度の時価総額となるまで株価が下がれば、安全域を確保した投資ができるという発想です。

ネットネット株……正味流動資産 × 2 ÷ 3 ＞時価総額

　バリュー投資の本質は、本来あるべき価値に対して、株価が安い銘柄を探して投資していくことにあります。

　もともと安い銘柄へ投資するため、株価の下落余地も少なく、相対的に負けにくい手法といえるでしょう。

■ グロース投資：当たればでかいが難度は高い

　グロース投資とは、投資先企業の売上高や利益が伸長している銘柄、あるいは今後、大きく伸長しそうな銘柄へ投資する手法のこと。

　成長株投資とも呼ばれています。

　投資判断としては、高いROEや売上高の成長率などが一般的に用いられます。

　将来性や成長性を期待して買われることが多いため、PERやPBR等の投資指標は割高になりがちです。

　また、**将来の成長余地の大きい銘柄が選好されることから、時価総額の小さい小型株を投資対象としているケースが多いのも特徴でしょう。**

　配当は無配であることが多く、利益は成長を加速させるため、事業投資を優先させます。

　成長株投資の父と呼ばれ、ウォーレン・バフェットに大きな影響を与えたとされる、フィリップ・フィッシャーは、その著書『株式投資で普通でない利益を得る』で、以下のような銘柄選択における15のポイントを紹介しています。

読者のみなさんの投資判断に大いに役立つものばかりで、今後の投資人生における財産になってくれると思いますので、少し長いのですが引用します。

ポイント一　その会社の製品やサービスには十分な市場があり、売り上げの大きな伸びが数年以上にわたって期待できるか
ポイント二　その会社の経営陣は現在魅力のある製品ラインの成長性が衰えても、引き続き製品開発や製造過程改善を行って、可能なかぎり売り上げを増やしていく決意を持っているか
ポイント三　その会社は規模と比較して効率的な研究開発を行っているか
ポイント四　その会社には平均以上の販売体制があるか
ポイント五　その会社は高い利益率を得ているか
ポイント六　その会社は利益率を維持し、向上させるために何をしているか
ポイント七　その会社の労使関係は良好か
ポイント八　その会社は幹部とのよい関係を築いているか
ポイント九　その会社は経営を担う人材を育てているか
ポイント一〇　その会社はコスト分析と会計管理をきちんと行っているか
ポイント一一　その会社には同業他社よりも優れている可能性を示唆する業界特有の要素があるか
ポイント一二　その会社は長期的な利益を見据えているか
ポイント一三　近い将来、その会社が成長するために株式発行による資金調達をした場合、株主の利益が希薄化されないか
ポイント一四　その会社の経営陣は好調なときは投資家に会社の状況を饒舌に語るのに、問題が起こったり期待が外れたりすると無口になっていないか
ポイント一五　その会社の経営陣は本当に誠実か
『株式投資で普通でない利益を得る』（フィリップ・A・フィッシャー／パンローリング）より

以上 15 のポイントを見ても分かるとおり、グロース投資では、数値化することが難しい定性情報が重要な判断材料となります。

　したがって投資家には、**長い経験や深い知識により培われた能力が求められ、相対的に難度の高い投資手法といえます。**

■ 高配当株投資：定期的なキャッシュ・インが魅力

　高配当株投資とは、配当利回りの高い銘柄へ投資する手法です。

　定期的に配当金が入ってくるため、株式投資の恩恵を実感しやすく、多くの個人投資家に人気のある手法となっています。

　配当利回りは、株価が下落すると高くなるという性質を持っているため、「株価下落時に高配当だから」という理由だけで投資をする人も案外いるもの。

　ですが、「業績悪化によるさらなる株価下落と減配」というダブルで損失を被る事態もしばしば発生します。

　これはバリュートラップと呼ばれます。

　そのようなことを避けるためには、連続増配銘柄や累進配当銘柄など、株主還元方針で減配しないことを原則としている銘柄を選択する必要があるのです。

　また、「高配当株投資は非効率である」という論調をしばしば目にしますが、これはサスティナブル成長率が論拠となっていることがほとんど。

　サスティナブル成長率とは、配当を出さずに内部留保した資金を再投資した際に期待される成長率で、その計算式は以下のようになります。

> サスティナブル成長率（％）＝ ROE ×内部留保率

　ちなみに、内部留保率は（1 －配当性向）となります。

　つまり、**高配当銘柄とは、配当性向が高くなる傾向にあるため、内部留保率は下がり、成長率も下がるという考え方です。**

　上記の計算式を見ていただいても分かるように、サスティナブル成長率は、ROE と内部留保率が高い（つまり配当性向が低い）と高くなるもの。ポイントとなるのは、配当利回りそのものではなく、ROE と配

当性向であることが読み取れます。

　高配当であっても ROE が高く、配当性向の低い（あるいは適正な水準にある）銘柄は存在しており、この点に留意しつつ銘柄を選択できれば、成長性の問題はクリアされるのです。

　その他、税金の観点から非効率であるという主張も見かけることがあります。

　これは、配当を出した時に課税されるため、配当を出さずに内部留保して事業投資した方が効率的である、という考え方です。

　しかしながら、**現実問題として、そのセクターを代表するような超一流企業で、配当を出していない企業など、ほとんど存在していません。**

　また、配当を出していないインデックスファンド（市場全体の動きに連動した成果を目指す投資信託）も、そのような配当を出している企業群でファンドが構成されていることに留意が必要でしょう。

　結局のところ、完全無欠の投資手法など存在しないのです。

　高配当株投資は、上記のような課題を抱えつつも、それでもなお魅力的な投資手法です。

　ペンシルベニア大学大学院のジェレミー・シーゲル教授は、高配当銘柄群へ投資した方が、低配当銘柄群へ投資するよりも幾何平均リターンは高く、ベータ値（株式市場全体の動きに対して、個別企業の株価がどの程度反応して変動するかという数値で、ベータ値が低いほどリスクは小さくなる）は低いという調査結果を発表しています。

　これはすなわち、**リスクを抑えつつ高いリターンが期待できることを意味します。**

　また、配当による定期的なキャッシュ・インは、株式投資を続ける上で大きなモチベーションとなってくれるでしょう。

　毎日の株価の変動はエキサイティングではありますが、時として心を乱され、精神的に疲弊してしまうことも少なくありません。

　最悪の場合、株式投資をやめてしまうことも起こりえます。これは非常にもったいない話です。

その一方、**毎年の受取配当金を増やすことにフォーカスし、株数を積み上げていく「貯株」という発想であれば、意識は株価の変動ではなく、株数と配当金に向かいます。**

たとえばKDDIを100株買えば、税引き後でも年間1万円強の配当金を受け取ることができます。

そのお金を使って家族で外食するのもいいでしょうし、配当を再投資するのもいいでしょう。

たとえ1株、100円の積み上げであったとしても、スーパーでジュースを1本買うことができます。

このように、自由に使えるお金が定期的に入ってくることは、大きな安心感につながるのです。

値上がりを期待して株を買うのではなく、配当金を受け取る権利である株を買っている、という発想です。

また、実際に配当金が振り込まれた時には、株式投資の恩恵を実感できるのはもちろん、**「株式投資は長く続けていくことが大切だ」**という初心も思い出させてくれるでしょう。

■ インデックス投資：誰でも平均点が狙える再現性の高さが魅力

インデックス投資とは、日経平均株価やTOPIXなどのマーケットの動きを示す指数（インデックス）と同じような値動きとなるような運用を目指した投資手法です。

一般的に資産運用の要諦は「長期・積立・分散」といわれています。

インデックス投資を長く継続していくことで、長期的には当初に想定した期待リターンが実現する確率が上がり、また、少額から積立をおこなうことで無理なく継続することが可能です。

さらに、インデックスファンドを主な投資対象とすることは、分散をきかせた運用が可能となることを意味します。

インデックス投資の最大の強みは、その再現性の高さにあります。

これは、投資初心者であろうとも、株式投資を始めたその日から平均点（市場平均リターン）が期待できるということ。

そして、株式の長期的な期待リターンは年6～7%程度といわれていますので、平均点とはいっても十分なリターンと考えられるでしょう。

　ただし、長期的な資産形成を進める上で有効な手段の一つなのですが、**右肩上がりで資産が増えていくのではなく、上昇や下落を繰り返しながら、長い目で見れば緩やかに上昇していることに留意が必要です。**

　つまり、市場全体が下がれば、インデックスファンドの基準価額も下落するということ。

　ちなみに、リーマンショックでは、短期間でその価値が半分以下になったことは覚えておきたい事実です。

　また、信託報酬といわれる運用管理費用や、隠れコストと言われている売買委託手数料、有価証券取引税、保管費用、監査費用など、保有を継続する限りかかり続ける費用があることも覚えておきましょう（信託報酬とその他費用をあわせ「実質コスト」と呼ばれています）。

　『新 賢明なる投資家』では、インデックス投資をドルコスト平均法でおこなった際の効用について、わかりやすく記載されています。

　かなり長い文章ですが、みなさんが長く投資を続けていく上で精神的支柱となってくれると確信し、ここに紹介しておきたいと思います。

　何よりもまず、防衛的投資家なら、インデックスファンドをコア（核）としていったん恒久的な自動売買システムでポートフォリオを組んでしまえば、市場に関するどんな質問にも、「知らないよ。そんなことどうでもいいさ」と、最も力強く答えることができるはずだ。債券は株よりも高いパフォーマンスを上げるだろうかと尋ねられても、「知らないよ。そんなことどうでもいいさ」と答えればいいのだ―何しろ、あなたはその両方を自動売買しているのだから。ヘルスケア株のせいでハイテク株はさえなくなるだろうか？　「知らないよ。そんなのどうでもいいさ」　―　あなたはその両方を恒久的に保有しているのだから。第二のマイクロソフトは？　「知らないよ。そんなのどうでもいいさ」　―　十分に成長して保有できるようになればインデックスファンドが保有してくれるので、それについて行けばいいのだから。来年は外国株が米国株に勝つだろうか？　「知らないよ。そんなことどうでもいいさ」

── もし勝てばその儲けを手にできるし、もし負けてもさらに安値で買い増すことができるのだから。自動売買システムに乗せたポートフォリオを組めば、「知らないよ。そんなことどうでもいいさ」と言うことができるし、金融市場の今後の心配 ── そして他人の妄想 ── からも解放される。将来のことをいかに知らないかを知ることに加え、自分の無知を受け入れることが防衛的投資家の最強の武器なのである。
『新 賢明なる投資家』（ベンジャミン・グレアム＆ジェイソン・ツバイク／パンローリング）より

■ 自分に合う手法を模索しよう

　ここまで、バリュー投資、グロース投資、高配当株投資、インデックス投資の特性を学んできました。
　どれか一つを選択しなければならない、というルールはありません。
　実際に、バリュー株、グロース株、高配当株、インデックスファンドをミックスしたポートフォリオを組む個人投資家も数多く存在しています。
　大切なのは、株式投資を実践していきながら、自分に合った（自分が勝てる）手法を模索していくことです。
　投資を検討する時に、これはバリュー投資だからとか、これはグロース投資だからとかを考える必要はなく、どの程度のリターンが期待できるのかという視点が肝要でしょう。
　『ダンドーのバリュー投資』という本がありますが、その中では以下のように記載されています。

1. 本質的価値に対して割安度が大きいほど、リスクは低くなる。
2. 本質的価値に対して割安度が大きいほど、リターンは高くなる。
『ダンドーのバリュー投資』（モニッシュ・パブライ／パンローリング）より

　割安な株を買えばリスクが低くなり、リターンが大きくなる。これは、ローリスク・ハイリターンという詐欺のような話に聞こえます。
　しかし、いくつかの条件が整えば、上記のような投資も可能となるケ

ースが存在し、その多くは株価暴落時に訪れます。

　過去の株価の推移を確認していただければ分かりますが、リーマンショックやコロナショックのようなことが起こると、株価はその本質的価値を大きく下回る程に暴落します。

　その一方で、**暴落後の株価の回復も早く、結果的に短期間で大きなリターンをもたらしてくれるのです。**

　株価の下落余地が少ない銘柄を選択して株価下落リスクを抑えつつ、配当をもらいながら株価の上昇をじっと待つ。

　言い換えれば、想定される株価の下落幅よりも上昇幅の方が大きいと考えられる銘柄、期待値の高い銘柄を選択するということです。

　前作や本書では、上記のようなことを念頭に置きつつ、株価が割安となっている時を狙ってコツコツと積み上げていく手法を紹介してきました。

　私自身、その手法を用いて過去10年間の幾何平均リターンはインデックスを上回ることができており、その有効性を実感しています。

　ですが、**最も大切なのは長く投資を続けることです。**

　具体的にどのように投資するかについては、インデックスファンドと併用して、バリュー株やグロース株、高配当株を組み入れるなど、その組み合わせは無数にあります。

　色々と試して、自分に合った長く続けられる投資手法を模索していきましょう。

2024年以降、新しいNISAを踏まえた投資戦略

　令和5年度税制改正の大綱等において、**図7−1**のとおり、2024年以降のNISA制度の抜本的拡充・恒久化の方針が示されました。

　年間投資枠は、つみたて投資枠が120万円、成長投資枠が240万円の計360万円です。

　また、非課税保有期間は無期限化され、非課税保有限度額は1,800万

図7-1 ● 新しいNISA制度の仕組み

	つみたて投資枠	併用可	成長投資枠
年間投資枠	120万円		240万円
非課税保有期間 (注1)	無期限化		無期限化
非課税保有限度額 （総枠）　(注2)	1,800万円 ※簿価残高方式で管理（枠の再利用が可能）		
			1,200万円（内数）
口座開設期間	恒久化		恒久化
投資対象商品	長期の積立・分散投資に適した 一定の投資信託 ［現行のつみたてNISA対象商品と同様］		上場株式・投資信託等　(注3) ①整理・監理銘柄②信託期間20年未満、高レバレッジ 型及び毎月分配型の投資信託等を除外
対象年齢	18歳以上		18歳以上
現行制度との関係	2023年末までに現行の一般NISA及びつみたてNISA制度において投資した 商品は、新しい制度の外枠で、現行制度における非課税措置を適用 ※現行制度から新しい制度へのロールオーバーは不可		

(注1)非課税保有期間の無期限化に伴い、現行のつみたてNISAと同様、定期的に利用者の住所等を確認し、制度の適正な運用を担保
(注2)利用者それぞれの非課税保有限度額については、金融機関から一定のクラウドを利用して提供された情報を国税庁において管理
(注3)金融機関による「成長投資枠」を使った回転売買への勧誘行為に対し、金融庁が監督指針を改正し、法令に基づき監督及びモニタリングを実施
(注4)2023年末までにジュニアNISAにおいて投資した商品は、5年間の非課税期間が終了しても、所定の手続きを経ることで、18歳になるまでは非課税
　　措置が受けられることとなっているが、今回、その手続きを省略することとし、利用者の利便性向上を手当て

出典：金融庁のホームページ

円（つみたて投資枠600万円＋成長投資枠1,200万円）と大幅に拡充されています。

　さらに、簿価残高方式での管理となっており、売却した際には簿価ベース（投資した時の取得価額）で枠の再利用ができます。

　非課税保有限度額は世帯当たりではなく、一人当たりとなりますので、18歳以上の世帯人数×1,800万円が事実上の非課税枠と考えることも可能です。

　これは多くの個人投資家にとって、事実上、非課税で投資できる環境が整ったといっても過言ではありません。

　それでは、この「新しいNISA」という投資環境を活かして、どのように資産形成を進めていくか、具体的に考えていきましょう。

　なお、ここではリターンを求めつつも、それと同時に、投資初心者が長く投資を続けるためにはどうすればよいか、という点を大切にしていきたいと思います。

　まずは、つみたて投資枠での投資対象を考えていきましょう。

　年間投資枠は120万円で、投資対象商品は「積立・分散投資に適した投資信託」となっています。

　長期的な運用を考えれば株式一択となりますが、その中にも日本株を対象としたものや、米国株を対象としたものなど様々な投資信託が存在しています。

　投資信託の強みは、低い手数料で幅広く分散投資が可能なこと。

　また、前述のとおり、誰でも平均点が狙える再現性の高さが魅力的な金融商品といえます。

　その強みや魅力を勘案すると、世界中の株式に分散された投資信託を選択して、平均点を狙いにいくのが無難でしょう。

　平均点といっても、期待されるリターンは年6〜7%もありますので、これは十分な数字でしょう。

　全世界の株式を対象とした投資信託は数多く存在していますが、ここでは、**「eMAXIS Slim 全世界株式（オール・カントリー）」**をオススメしたいと思います。

　私自身もつみたてNISAで投資していますが、「eMAXIS Slim 全世界株式（オール・カントリー）」は、その純資産総額の規模や手数料の安さを考えていくと、最も無難な選択肢です。

　これは新しいNISA制度が始まっても、長期的には期待値どおりの安定的なリターンをもたらしてくれるでしょう。

　それに加えて、個人投資家に圧倒的な人気のある「投信ブロガーが選ぶ！　Fund of the Year」というイベントでは、4年連続で第1位となっています。

　こういったことから、投資先として魅力的であるという点において、一定のコンセンサスは得られているものと評価できます。

　なお、「eMAXIS Slim 米国株式（S&P500）」という米国株を対象とした投資信託も根強い人気がありますが、全世界株式の投資信託でも60％前後は米国株で構成されているため、そこまでこだわる必要はないと

思われます。

■ 日本株が米国株より有利なワケ

　成長投資枠は年間240万円で、保有限度額は1,200万円です。

　日本株の配当金には、総合課税を選択して確定申告をした場合に適用される配当控除という税額控除の仕組みがありますが、**新しいNISA の非課税限度額の規模を考えると、多くの個人投資家にとっては十分な非課税枠であり、非課税での配当がほとんどとなると思われます。**

　もはや確定申告での税還付を視野に入れて投資する必要もなくなったといえるでしょう。

　ただ、新しいNISAで米国株へ投資する場合には留意が必要です。

　米国で10%が源泉徴収されて、さらに日本で20%が源泉徴収されることになります。

　現行のNISA制度もそうなのですが、新しいNISA制度においても、非課税の対象となるのは日本国内部分のみ。したがって、米国で源泉徴収された10%は非課税の対象外となります。

　なお、外国で課税された税額を日本国内の所得税額から一定の範囲で控除する、外国税額控除の適用も受けることはできません。

　具体的に考えてみましょう。

　たとえば、将来、保有限度額の1,200万円まで投資することができて、その配当利回りが5%だったとします。

　すると、日本株へ投資していた場合は、1,200万円×配当利回り5%＝60万円を配当金として受け取ることができます。

　一方、米国株へ投資していた場合は、米国で課税された10%は非課税の対象とはならないため、1,200万円×配当利回り5%×90%＝54万円になり、手取りが6万円も減少してしまいます。

　これは1年間での数字ですので、今後の長い投資人生を考えると、このことは資産形成を進めていく上で決して無視できない数字です。

　このように税制上有利となっている状況に加えて、**日本株は企業価値の観点から相対的に安く買えることや、国際優良企業が数多く存在し、選択肢も豊富にあること、さらに、日本語で決算資料やIR資料を読め**

ることなど、日本株へ投資する魅力は数多く存在しています。

■ 成長投資枠は日本の個別株で

　長い間、「日本企業は株主還元に消極的だ」といわれてきましたが、現在の状況は一変しています。

　多くの企業で株主還元方針が明示され、**原則として減配しないという累進配当を方針とする企業も増えてきました。**

　現在、東京証券取引所では、市場区分の見直しに関するフォローアップ会議が定期的に開催されていて、2023年2月15日に開催された第8回では、「PBRが1倍を割れている場合には、市況の悪化など一時的な影響によるものである場合を除き、十分な対応が求められる」という内容が盛り込まれています。

　今後、中長期的には、資本コストや株価を意識した経営が一般的になってくると考えられます。

　日本株には財務基盤が盤石で株主還元余力が多分にある、割安銘柄が無数に存在しています。

　その多くはPBRが1倍を割れているため、今後、株価を上げるために（PBRを1倍に近づけるために）色々と手を打ってくると考えられます。

　もともと人気がないため株価は安く、下落余地が限定されている。その一方で、上昇余地は大いにある。

　つまり、**思惑通りにいかなくても損失は限定的で、思惑通りにいけばそれなりのリターンが得られる。そんな銘柄が多く存在しているのが日本株です。**

　これらの理由により、成長投資枠は日本の個別株で考えていきたいと思います。

■ 成長投資枠での買い方

　株式投資では、絶対に儲かるという手法は存在しませんので、相場に慣れて実力がつくまでは、少額ずつ買っていく方が無難だといえます。

　現在はNISA口座でも1株ずつ投資が可能で、買い付け手数料も無料

図7-2 ● 日本株は米国株より「10%」も税制上、有利になる

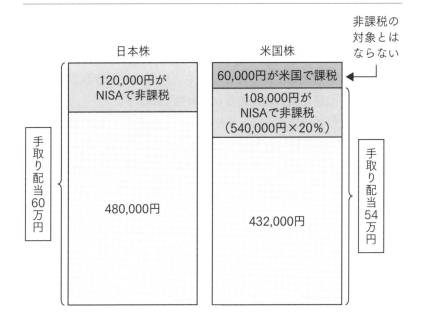

NISAの口座で60万円の配当金が出た場合、日本株では、課税対象の120,000円が非課税となり、手取りは60万円となる。一方、米国株では、米国で10%の6万円が源泉徴収され、この部分は非課税とはならないため、手取りは54万円となる。

　となっている証券会社がありますので、それを活用していきましょう。
　たとえば、私はSBI証券を利用していますが、1株ずつ投資しても買い付け手数料は無料です。
　現状、売却時は0.55％の手数料がかかりますが、そもそもNISA口座で投資する株式は長期保有が前提。
　ですので、**売却を考えなければならなくなる可能性のある銘柄は、極力避けるようにしましょう。**
　ちなみにSBI証券ならば、単元株（100株単位）で売却する場合は一定額までは無料となっています。

　資金があっても、年間投資枠である240万円を一気に埋めようとは

せず、**12 分割して 1 ヶ月 20 万円までというふうに、段階的に投資していきましょう。**

　投資してから株価が順調に上昇していけばいいのですが、株価が下落している時には、心理的な影響を大きく受けることは避けられません。**一般的に、同じ金額であったとしても、失うことと得ることでは「2倍程度」感情の振れ幅に差があるといわれています。**

　人間というのは、負けることを嫌う生き物。株価下落による精神的ダメージで株式投資を続けられなくなってしまうことは、絶対に避けなくてはなりません。これらを踏まえて、前のめりにならず、定期的な投資を心がけましょう。

　多くの方は、毎月の給料の中から投資資金を捻出して、可能な範囲で少しずつ買っていくことになると思います。

　その場合の買い方については、前作で紹介し、本書でも第 6 章で紹介している、以下の手順を踏んでいきましょう。

STEP1　**20 銘柄を 1 株ずつ買う**
STEP2　**各銘柄への投資金額を均一に調整**
STEP3　**キャッシュを含めてポートフォリオを考える**

　どの銘柄を選択するかについて、第 4 章で紹介した 17 銘柄を軸にしつつ、第 5 章で紹介した銘柄から選択するのもいいと思います。

　いずれにしても、ご自身で仮説を立てて、実践しながら学び、投資家としての練度を上げていくことが大切です。

　図 7-3 は買い付け例です。月に 5 万円、年間 60 万円を投資にまわすのは決して容易なことではありませんが、できるかぎり何とか頑張ってください。

　5 万円が無理であれば 3 万円でもかまいません。**金額の多寡にかかわらず、数年後には違う景色が見えているはずです。**

　図 7-3 の買い付け例においては、つみたて投資枠では「eMAXIS Slim 全世界株式（オール・カントリー）」を毎月 25,000 円分ずつ積み

図7-3 ● 買い付け例

		つみたて投資枠	投資金額	成長投資枠	投資金額
1年目	1ヶ月目	eMAXIS Slim 全世界株式	2.5万円	INPEX, JT, 花王, アステラス, 大塚HD, ブリヂストン, コマツ	2.5万円
	2ヶ月目	同上	2.5万円	クボタ, 伊藤忠, 三井物産, 三菱商事, 三菱UFJ, 三井住友FG, 日本取引所G	2.5万円
	3ヶ月目		2.5万円	東京海上HD, NTT, KDDI, アサヒGH, 全国保証, オリックス	2.5万円
	4ヶ月目		2.5万円	STEP2 各銘柄への投資金額を均一に調整	2.5万円
	5ヶ月目		2.5万円	各銘柄への投資金額が均一となったら 再びSTEP1へ戻り 20銘柄を1株ずつ買う	2.5万円
	6ヶ月目		2.5万円		2.5万円
	7ヶ月目		2.5万円		2.5万円
	8ヶ月目		2.5万円	以下, 上記のSTEP1とSTEP2を繰り返す	2.5万円
	9ヶ月目		2.5万円		2.5万円
	10ヶ月目		2.5万円		2.5万円
	11ヶ月目		2.5万円		2.5万円
	12ヶ月目		2.5万円		2.5万円
		累積投資額	30万円	累積投資額	30万円

2年目以降もこの繰り返し

立てていきます。これは、証券口座のホームページで、つみたての設定をすれば手続きは完了します。

　成長投資枠では、まずは第1章で紹介した17銘柄。それに、各分野でトップ級の強みをもつ企業である、アサヒグループホールディングス、全国保証、オリックスの3銘柄を加えた20銘柄にしました。

　それらへ、1ヶ月当たりの投資予算25,000円の範囲で、1株ずつ順番に投資します。

20銘柄へ1株ずつ投資し終えたら、STEP2へ進み、投資金額の少ない銘柄へ追加投資することで、各銘柄への投資金額を均一に調整して、調整が終わればまたSTEP1へ戻り、20銘柄を1株ずつ買っていきます。

　あとはこの繰り返しで、少しずつポートフォリオを大きくしていくのです。

　その後は、株式投資の経験が積み重なっていき、相場にも慣れてきたと感じたら、少しずつ自分のアイデアで銘柄を追加してみてください。

これまでの失敗から私が学んだこと

　株式投資を始めてから20年目に入りました。これまでに多くの失敗を積み重ねることで、負けづらい投資ができるようになってきたと感じています。

　「失敗は成功のもと」。**失敗してもその原因を考え改善していくことで、投資の練度は向上し、その繰り返しがリターンを高めてくれるのです。**

　ここでは、私自身の失敗とそこから得た教訓を紹介していきます。

　読者のみなさんも、株式投資を続けていく中で、同じような状況に置かれることが多々あると思います。

　そんな時には本書を開いて、判断材料の一つとしていただければ幸いです。

■ 売って後悔した株とは？

　私には、売って後悔した株がいくつかあります。

　とくに印象に残っているのは、東映アニメーションでしょう。

　営業利益率が高く、財務基盤は鉄壁、減配懸念のない優良銘柄でした。

　株主優待というおまけもついており、保有しやすい株だったはずなのですが……。

2009 年 4 月から書いているブログを確認すると、東映アニメーションへ投資したのは 2009 年 11 月 2 日。当時の株価は 450 円程度（分割考慮後）でした。

　投資理由として、「日本の世界に誇る文化の一つであるアニメのトップということで将来大化けしてくれたらいいなというくらいの気持ちで買っています」と書いています。

　その後、2010 年 5 月 12 日に NTT へ投資する資金を捻出するために、東映アニメーションの株を薄利で売却しました。

　NTT への投資は正しい選択だったと今でも思いますが、東映アニメーションの売却は悪夢ともいえる顛末となります。

　売却した日のブログを読み返すと、**「東映アニメ（これは売りたくなかったなぁ）」**と綴られていました。

　その後の株価の上昇は恐るべきもので、10 年をかけて上昇を続け、一時は 25,000 円を突破。**なんと 50 倍以上の上昇です。**

　当時の投資額は 135,000 円程度でしたので、もし売却していなければ、配当と優待を楽しみながら、単に保有しているだけで評価額は 700 万円を突破したことになります。

　現在の株価は、ピークアウトして最高値から半値程度となったものの、それでも 30 倍前後です。

　売却理由が業績悪化等ではなかったために、悔やまれます。

　東映アニメーションは極端な例ですが、このような例はほかにも HOYA、富士フイルム HD、資生堂、コーセー、と枚挙にいとまがありません。

　投資先企業の競争力や業界の立ち位置に変化がなく、当初に投資した目的が崩れていなければ、売却する必要はないと考えるに至っています。

■ 優待株が分割した際に売却して後悔した株

　株主優待を目的に投資した銘柄もありますが、しばしば株式分割がおこなわれることがありました。

　株式分割とは、1 株をいくつかに分割して、投資単価を下げることで流動性を高めるためにおこなわれます。

なお、もともとあったものを小さい単位に分けるだけですので、資産価値に影響はありません。

　100株保有していれば優待がもらえる銘柄を、100株持っていたとしましょう。

　株式を2分割したことで200株の保有となることがあります。

　そんな時、100株を売却しても優待はもらえますので、売却を検討することもあるかもしれません。

　ですが、私の経験上、**売却してもいい結果を生まなかったケースがほとんどです。**

　株式分割は多くの場合、株価上昇局面でおこなわれるもの。

　ようするに、その企業の業績は堅調であることが多く、基本的に売却する必要はない銘柄なのです。

　私自身、株式分割時に売却し、その後に株価が上昇して悔しい思いをした銘柄もすぐに思い出すことができます。

　ミルボン、コタ、日本管財、船井総研HDなど、現在も株価は上昇傾向にあります。

　現在は、株式分割がおこなわれた際に、単に株数が増えたからという理由では売却しないよう心がけています。

■ 株価が高い時に買って後悔した株

　2006年ライブドアショックの1ヶ月前に投資したサミーネットワークスは、**私の投資人生で最大の失敗です。**

　新興市場の盛り上がりで楽観論が醸成されていたことに加え、基本的な投資指標を理解できていない状態で、株価が高い時に投資していたことから、大ダメージを負ってしまうことになりました。

　人気のある銘柄というのは、その成長性への過度な期待のため、株価が短期的に急騰しているケースがあります。

　そういった銘柄は、その後暴落することも多く、株価が高い時に投資していると、目も当てられないことに……。

　ここ数年で話題となった、エムスリー、アイ・アールジャパンHD、AI inside などは、株価上昇局面では都合のいい情報ばかりにスポット

ライトが当てられ、株価がさらに押し上げられていきました。

そうやって上昇していく株価を見て、「自分も乗り遅れまい！」と焦って投資する個人投資家も後を絶ちません。

しかし、**焦って投資してもろくなことがないのが株式投資の世界。**

一度、期待が剥落すると株価の下落は悲惨な程に大きくなります。

焦らないためにも、過去に話題となった銘柄の株価チャートを確認することをオススメします。

実際に見ると分かりますが、株価が人気で急騰し、不安で暴落する、左右対称の釣鐘のような曲線を描いていることも少なくありません。

とくに新興市場では、話題となっている銘柄への投資を検討する際には最大限の警戒が必要です。

■ 含み益と含み損、売却するならどっちから？

どうしても欲しい銘柄があって、投資資金を捻出するために売却しなくてはならない場合、「含み損のある銘柄」から売却した方が、得策となるケースが多いのが私の経験則です。

含み益のある銘柄は、投資が上手くいっているケースが多く、今後も株価を伸ばしていく可能性が相対的に高い。

その一方、含み損のある銘柄は、投資が上手くいっていないケースが多く、今後も株価が低迷する可能性が相対的に高いといえるでしょう。

上手くいっている投資と上手くいっていない投資、どちらを売却すべきかは自明の理。

けれど、損失を確定させることを嫌う人間心理が意思決定の妨げとなってしまうのです。

含み損を抱えている銘柄を売却しにくい場合は、配当金と損益通算して、損失を小さくするという発想をもつことも一つの対処方法です。

また、含み損を抱えている銘柄を含み益のある銘柄と一緒に売却し、あらためて含み益のあった銘柄を買い直すことで、含み益の部分を含み損の部分と相殺させるという発想も一つです。

いずれにせよ、含み益が伸びている銘柄を売却するのは悪手であり、利益はなるべく伸ばし続けるよう意識しましょう。

■ 損切りは難しい技術

前述のサミーネットワークスは、株価が高い時に投資して、その後は株価が下がり続ける展開となりました。

どこかで損切りできればよかったのですが、含み損が拡大していくのをただ眺めていることしかできなかったのを覚えています。

「株価が下がったなら、損切りすればいいんだ」と考える方もいるかもしれません。

ですが、損失を確定させることを嫌うのが人間心理であり、損切りするにも相当の訓練が必要だと考えておいた方がよいでしょう。

あるいは、損切りする必要がない、永久に保有したいと思えるような銘柄のみを投資対象とするのも一つの方法だと考えます。

■ 負けない株式投資 10 ヶ条

私は考えを整理する際には、しばしばノートに色々と書きながらアイデアを具体化させています。

株式投資でとくに大切と考えることについては、専用の手帳を作り、簡潔にメモを残して、いつでもパラパラと読み返せるようにしているのです。

その手帳には、2020 年のコロナショック後に書き記した**「負けない株式投資 10 ヶ条」**という項目があります。みなさんの参考になればと思い、そこに書いたことを下に載せます。

私自身に対してのメモをそのまま転載しますので、命令口調できつめな表現となっていますが、ご容赦いただければと思います。

1. 業界トップの会社を買え

2. 低 PER の会社を買え

3. 低 PBR の会社を買え

4. 高 ROA の会社を買え

5. 高配当の会社を買え

6. 累進配当の会社を買え

7. 利益率の高い会社を買え

8. 投資先を分散して買え
9. 現金比率を維持して少しずつ買え
10. 誰もが絶望する暴落時に買え

　ここまで本書を読み進めたみなさんは、個人投資家として十分な知識を有していると自信をもってください。

　あとは、試行錯誤を繰り返しながら経験を積み、練度を高め、自分なりの勝ちパターンを作り上げていくだけです。

**　株式投資の世界は、知識を得たからといって、すぐに成果が出るような甘い世界ではありません。**

　何事もそうですが、成果を上げるには、時間をかけて学び、実践していくことが必要です。

　なかなか成果が出ないと焦ることもあるでしょう。時には「株式投資などやめてしまおう」と思う日も来るでしょう。

**　そんな時は、本書を開いて読み返し、「なぜ、株式投資を学ぼうと考えたのか」、初心を思い出してください。**どんな困難な状況にあったとしても、きっと乗り越えられるはずです。

　最後に、将棋棋士で、前人未到の永世七冠を達成した羽生善治氏の言葉を紹介して筆をおきたいと思います。

「何かに挑戦したら確実に報われるのであれば、誰でも必ず挑戦するだろう。報われないかもしれないところで、同じ情熱、気力、モチベーションをもって継続しているのは非常に大変なことであり、私は、それこそが才能だと思っている」

おわりに

　本書を最後までお読みいただき、ありがとうございます。

　前作『オートモードで月に18.5万円が入ってくる「高配当」株投資』が世に出てから1年余りが経過しました。米国株の人気絶頂期に、日本の個別株について書かれた本が受け入れられるのかという不安もありましたが、8万部を突破し、現在も読まれ続ける息が長い一冊となっていることは望外の喜びです。

　これはひとえに、ご支持をいただいております前作の読者や、ツイッターでフォローいただいている13万人以上のフォロワーのみなさんのおかげです。本当にありがとうございます。

　前作の「おわりに」では以下のように記載しています。

【投資初心者の方にとって、本書が株式投資を始める何らかのきっかけとなれば、本書を執筆したことに意味を持たせてくれます。そのような方々が長期配当投資を実践し、10年後には次の世代に向けて情報を発信できるような長期投資家になっているとすれば、私にとってこれ以上の喜びはありません。】

　株式投資の世界は孤独なものです。

　どのような顛末となっても、そしてどのようなきれいごとを並べても、その結果はすべて自分に返ってきます。だからこそ、一人でも多くの個人投資家が相場から退場させられることなく、着実に資産形成を進めてほしいという強い想いがありました。

　その想いが伝わったのか、前作の読者からは本当にたくさんの感謝の声をいただきました。気持ちがこもっており、読み返すと今でも目頭が熱くなってしまうものも少なくありません。その一つひとつが私の「たからもの」です。

　前作を上梓した際には、「自分にできることはすべてやり切った」という思いもありました。しかし、そのような感謝の声をいただくにつれ

て、本当に全部出しきったのか、まだできることはあるのではないかという情熱が沸き上がってきました。人を動かすものは、いつも人の心だと強く感じています。

　その意味において本書は、前作でご支持をいただきました読者の想いに私の想いが乗った、気持ちのこもった一冊となっています。前作とあわせ本棚から定期的に取り出して読み返していただくことで、株式投資のスキルは着実に向上していくと確信しています。

　本書の出版にあたっては、株式会社 KADOKAWA の荒川三郎氏に大変お世話になりました。また、前作に引き続き、岩崎輝央氏には編集でご尽力いただきました。重ねてお礼申し上げます。そして、言うまでもないことですが、本書が出版に至ったのは、前作の読者とツイッターでフォローいただいている 13 万人以上のフォロワーのみなさんのおかげです。

　そのすべての方々に、心より感謝申し上げます。

保有全銘柄を1株単位で！
年間282万円の配当を生み出す
ポートフォリオ

巻末付録として、**私が2023年3月20日現在、集中的に投資している銘柄から優待目的で保有している銘柄、さらに実験的に1株ずつ投資している銘柄まで、すべて紹介します。**

まずは、図をご覧ください。全部で103銘柄を保有しています。

それぞれの銘柄で、投資を決定した時には自分の思い描くシナリオがありますが、シナリオ通りに進めば保有を継続し、思惑が外れた場合には売却するなどして、ポートフォリオを少しずつ理想の形へ整えていきます。

自分のシナリオ通りに進んだ場合は長期保有することになり、その銘柄に対する理解も深まっていきます。自ずと適正な株価水準というものも分かってくるため自信をもって買い増しをおこなうことができます。

このようにして長期保有する過程で株数を増やしていった銘柄は、遠い将来にわたっても売却予定のない「永久保有銘柄」となります。

それでは、現在の保有銘柄を一つひとつ見ていきましょう。表は評価額の高い順に並んでいます。

■ 1. 三菱商事

最も保有比率が高いのが三菱商事です。三菱商事は大型株の筆頭格で2009年頃から投資し始めて、長い時間をかけて、割安と判断ができる時に断続的に買い増しをおこなってきました。

SBIネオモバイル証券で1株投資が破格の手数料でおこなえるようになってからは、1株ずつ毎日買うなどして株数を積み上げてきました。

コロナショックのまっただなかにあっても連日のように買い続けたことを毎日ツイートしていたことや、また、その年の8月末には伝説の投資家であるウォーレン・バフェットが日本の総合商社5社の株式を5%ずつ保有したと発表したことで、私のTwitterでの情報発信も少しずつ認知されはじめ、1株投資という手法をみなさんに伝えられた思い出深い銘柄です。

三菱商事は今後も売却せずに永久保有する予定です。既にかなりのポジションをとっていますが、「中期経営戦略2024」では「持続的な利益成長に応じて増配を行う累進配当を基本方針とします」と明記されており、安定的な配当が期待できます。

No.	銘柄（証券コード）	株数	備考（一言コメント）	永久	長期	中期	売却検討	株主優待
				保有方針				
1	三菱商事（8058.P）	3864	圧倒的総合力	○				
2	JT（2914.P）	4532	グローバル寡占企業	○				
3	NTT（9432.P）	3019	世界屈指の通信企業	○				○
4	三井物産（8031.P）	2202	資源ダントツ	○				
5	三井住友FG（8316.P）	1190	メガバンクで効率性トップ	○				
6	アステラス製薬（4503.P）	2500	製薬国内2位	○				
7	積水ハウス（1928.P）	1331	累計建築戸数世界一		○			○
8	花王（4452.P）	579	連続増配国内首位	○				
9	スバル興業（9632.S）	333	ディープバリュー株		○			○
10	KDDI（9433.P）	627	総合通信国内2位	○				○
11	伊藤忠商事（8001.P）	546	非資源の雄	○				
12	東京海上HD（8766.P）	721	メガ損保で実質1強	○				
13	三菱UFJ FG（8306.P）	2038	世界有数の金融グループ	○				
14	マニー（7730.P）	900	眼科ナイフ世界首位級		○			○
15	日清食品HD（2897.P）	100	即席めん世界首位級		○			○
16	リコーリース（8566.P）	300	連続増配国内2位		○			○
17	INPEX（1605.P）	801	石油・天然ガス開発国内首位	○				○
18	コマツ（6301.P）	324	建設機械世界2位	○				○
19	ブリヂストン（5108.P）	200	タイヤ世界首位級	○				
20	稲畑産業（8098.P）	300	化学専門商社国内2位			○		○
21	トーカロ（3433.P）	500	溶射加工国内首位			○		
22	三洋貿易（3176.P）	554	技術に強い、ゴム・化学品商社			○		
23	沖縄セルラー電話（9436.P）	200	沖縄県で携帯シェア5割		○			○
24	長瀬産業（8012.P）	300	化学専門商社国内首位		○			
25	ミルボン（4919.P）	100	美容室向けヘア化粧品専業首位		○			○
26	全国保証（7164.P）	100	信用保証国内首位			○		○

No.	銘柄（証券コード）	株数	備考（一言コメント）	保有方針				
				永久	長期	中期	売却検討	株主優待
27	アサヒGH（2502.P）	100	ビール類国内首位級			○		○
28	BPカストロール（5015.P）	500	BPが実質筆頭株主。業績苦しい				○	
29	内外トランスライン（9384.P）	200	国際海上輸出混載、国内首位			○		○
30	フクダ電子（6960.S）	100	心電計国内首位			○		
31	あらた（2733.P）	100	日用品卸国内首位級			○		○
32	大塚HD（4578.P）	100	ポカリスエット等ブランド多数	○				○
33	クボタ（6326.P）	204	農業機械世界3位	○				○
34	日本ハム（2282.P）	100	食肉国内首位			○		○
35	大和ハウス工業（1925.P）	124	建設業で時価総額首位			○		○
36	愛知電機（6623.名証P）	100	柱上変圧器に強み			○		○
37	日本ピラー工業（6490.P）	100	流体制御メカニカルシール大手			○		○
38	加藤産業（9869.P）	100	食品卸国内4位			○		○
39	みずほリース（8425.P）	100	連続増配銘柄			○		○
40	ユニオンツール（6278.P）	100	PCBドリル世界首位			○		○
41	ヒューリック（3003.P）	300	都区内に好物件所有			○		○
42	日本取引所G（8697.P）	153	究極の独占企業	○				○
43	石原ケミカル（4462.P）	200	金属表面処理剤大手			○		○
44	船井総研HD（9757.P）	100	経営コンサル大手		○			○
45	日本管財HD（9347.P）	100	総合ビルメンテナンス大手			○		○
46	SBIグローバルアセットマネジメント（4765.P）	500	SBI傘下で資産運用受託が主力			○		○
47	コタ（4923.P）	146	美容室向けヘア化粧品製造・販売		○			○
48	テレビ東京HD（9413.P）	100	民放キー局5位、経済・アニメに強み			○		○
49	ニチリン（5184.P）	100	自動車用ホース大手			○		○
50	住友商事（8053.P）	100	総合商社4位			○		

No.	銘柄（証券コード）	株数	備考（一言コメント）	永久	長期	中期	売却検討	株主優待
						保有方針		
51	南陽（7417.S）	100	建設・産業機械の販売が主力			○		○
52	TAKARA&CO（7921.P）	100	ディスクロージャー大手			○		○
53	キユーピー（2809.P）	100	マヨネーズ・ドレッシング国内首位		○			○
54	FUJI（6134.P）	100	電子部品自動装着装置で国内首位			○		
55	穴吹興産（8928.S）	100	四国でマンション分譲首位級			○		
56	オリックス（8591.P）	100	2024年で優待廃止		○			
57	J-POWER（9513.P）	100	石炭火力・水力発電国内首位級			○		
58	立花エレテック（8159.P）	100	三菱電機系の電気・電子商社			○		○
59	前澤給装工業（6485.P）	200	水道用給水装置で国内首位			○		○
60	日伝（9902.S）	100	動力電動機器首位級の専門商社			○		○
61	パイオラックス（5988.P）	100	工業用ファスナー、精密バネが主力			○		○
62	ハピネット（7552.P）	100	玩具卸で国内首位			○		○
63	不二製油G本社（2607.P）	100	油脂大手		○			○
64	RYODEN（8084.P）	100	三菱電機系の商社で最大			○		○
65	大石産業（3943.S）	100	パルプモウルド国内首位			○		○
66	エクセディ（7278.P）	100	クラッチ国内首位			○		○
67	ナフコ（2790.S）	100	九州地盤のホームセンター大手			○		○
68	ウェルネオシュガー（2117.P）	100	製糖国内3位			○		○
69	ティーガイア（3738.P）	100	携帯販売代理店首位				○	○
70	たけびし（7510.P）	100	三菱電機系の技術商社			○		○
71	帝国繊維（3302.P）	100	消防ホース国内首位			○		○
72	ニチレキ（5011.P）	100	アスファルト乳剤国内首位			○		
73	マンダム（4917.P）	100	男性用化粧品で国内首位級				○	○

No.	銘柄（証券コード）	株数	備考（一言コメント）	保有方針				
				永久	長期	中期	売却検討	株主優待
74	平河ヒューテック（5821.S）	100	電線・ネットワーク機器メーカー			○		○
75	ラサ商事（3023.S）	100	ジルコン国内首位の専門商社			○		
76	アルコニックス（3036.P）	100	双日から分離した非鉄金属の商社			○		○
77	J. フロントリテイリング（3086.P）	100	大丸・松坂屋百貨店が主力				○	○
78	クラレ（3405.P）	100	樹脂の世界シェア首位製品多数			○		○
79	DCM HD（3050.P）	100	ホームセンター国内首位級		○			○
80	カナデン（8081.P）	100	三菱電機系商社			○		○
81	中央倉庫（9319.P）	100	内陸総合物流で国内首位級			○		○
82	宝 HD（2531.P）	100	清酒、焼酎、みりん国内首位			○		○
83	サカタインクス（4633.P）	100	インキ世界 3 位			○		○
84	プロネクサス（7893.P）	100	ディスクロージャー・IR 支援大手			○		○
85	ニッケ（3201.P）	100	45 年以上減配無し		○			○
86	九州リースサービス（8596.P）	100	総合リースで九州最大手			○		○
87	中外製薬（4519.P）	24	製薬国内 4 位			○		
88	新東工業（6339.P）	100	鋳造機械で国内首位			○		○
89	システム情報（3677.P）	100	独立系のシステムインテグレーター			○		○
90	コーア商事 HD（9273.P）	100	ジェネリック医薬品原薬の輸入・販売			○		○
91	カーリット HD（4275.P）	100	発煙筒国内首位			○		○
92	フジマック（5965.P）	100	総合厨房設備機器大手			○		○
93	ひろぎん HD（7337.P）	100	広島が地盤の地銀上位			○		○
94	明光ネットワークジャパン（4668.P）	100	明光義塾をフランチャイズ展開				○	○
95	みずほ FG（8411.P）	30	メガバンク 3 位				○	

No.	銘柄（証券コード）	株数	備考（一言コメント）	保有方針				
				永久	長期	中期	売却検討	株主優待
96	三共生興（8018.S）	100	「DAKS」のブランドライセンス保有			○		
97	日神 GHD（8881.P）	100	首都圏で分譲マンション展開			○		○
98	アステナ HD（8095.P）	100	株主優待が魅力			○		○
99	日本フェルト（3512.S）	100	紙・パルプ用フェルト国内 2 強の一角			○		○
100	三谷産業（8285.P）	100	化学品、空調設備が主力の商社			○		○
101	AGC（5201.P）	4	ガラス世界首位級			○		
102	テルモ（4543.P）	1	医療機器大手			○		○
103	上新電機（8173.P）	1	関西地盤の家電量販大手		○			○

そのため、**配当利回りが4％を超える株価水準であれば、定期的に買い増しをおこなっていきたいと思います。**

■2．JT

　JTは高配当銘柄の代表格で2021年12月期には10％程度の減配となったものの、2022年12月期では再び増配に転じています。

　ジェレミー・シーゲル著『株式投資の未来』では、米国株で最もリターンを上げた企業は、たばこ株のフィリップモリスであったと書かれていることから、日本の類似銘柄として注目していました。

　JTはもともと連続増配銘柄で、業績も安定していたことから2016年1月頃までは株価も右肩上がりでした。その後、2016年2月1日のザラ場に上場来高値4,850円をつけてから下落し始めて、コロナショック後の2020年7月31日につけた直近最安値1796.5円まで断続的に下落しました。

　株価が4,000円を切った頃から、買える水準になってきたと判断して買い増しし始めますが、株価はなかなか下げ止まりません。

　また、ESG投資（環境・社会・企業統治に配慮している企業を重視・選別しておこなう投資）という考え方が広がっていく中で、機関投資家（生保・損保会社等、大口の投資家）が投資しづらくなりつつあることも影響してか、株価は現在も低迷しています。

　JTへの投資からは、株価が下落局面にある銘柄は安易にナンピン（株価が下落した時に平均取得単価を下げるために買い増しすること。損失である「難」を「平均化」することから難平：ナンピンと呼ばれています）するのは、自信があっても避けた方がよいこと。

　株価が下がりきり、株価が上にも下にも動かなくなる状態、いわゆる「横ばい」になったのを確認してから買い始めても遅くはないこと。そして、株価は自分の想定を大きく超えて下落するケースもあることを学びました。

　JTの株価は確かに下がっていますが、業績や配当は株価ほどには下落していません。高配当銘柄の代表格として、今後も主力保有株の一翼を担ってくれるものと考えています。

■ 3. NTT

NTT は 2009 年頃から投資しています。NTT といえば、日本の資産バブルによる株価の暴騰と、バブル崩壊による株価の暴落を経験した代表的な銘柄です。

私よりも上の世代では、投資先としてよい印象を持っている方は、そう多くないと思います。実際、私が投資し始めた頃、NTT はオワコンといわれ、株価は低迷を続けていました。

しかし、業績に目を向けてみると、世間一般のイメージとは裏腹に安定的に利益を上げており、また、配当も安定していました。 人気がなく株価が低迷しているけれども、業績は安定しており配当はしっかりと出している銘柄。このような銘柄は負けにくく私の好みです。

さらに NTT は株主還元にも積極的で、断続的に自社株買いと消却をおこなっています。自社株買いにより EPS（1 株利益）は上昇します。

また、自己株式を消却することで、再び市場で売却される可能性を払拭してくれます。安定的な配当に加えて、定期的な自社株買いとその消却をおこなっている銘柄は、投資家からの信頼も厚く、株価も上昇する傾向にあります。

NTT は、投資元本に対して株価は約 4 倍、年間配当額も 4 倍となり、資産形成に大きく寄与してくれている銘柄の一つとなりました。

■ 4. 三井物産

三井物産は 2010 年頃に投資し始めています。当時はまだ伊藤忠商事が台頭する前で、総合商社業界は三菱商事と三井物産が双璧と呼ばれていました。2014 年頃までには 2,100 株まで買い集め、その後は 2018 年に 100 株の追加投資をしたのが単元株での最後の取引です。

その後は 1 株投資を利用して 2 株ほど追加投資をおこなっています。投資元本に対する配当利回りは 9.8％にまで上昇しており、長期保有の恩恵を大きく受けている銘柄の一つです。

■ 5. 三井住友フィナンシャルグループ

三井住友フィナンシャルグループは 2010 年頃に初めて投資していま

す。その後は、売ったり、買ったりということを繰り返していましたが、業績が堅調であることや累進配当を公表している銘柄の中で相対的に高配当となっている状況、さらにポートフォリオ全体のバランスをとるという観点から 2022 年に大幅に買い増ししました。

メガバンクはリーマンショックの際には巨額の赤字を計上し、資本増強のために数千億円規模の普通株公募増資（株式を新しく発行して、投資家から資金を集めること）を余儀なくされました。

株価も軒並み大暴落して、現在もリーマンショック以前の水準には程遠い状態です。増資をおこなうと発行済み株式の総数が増えることから EPS は減少します。

1 株当たりの利益が減少すれば、自ずと株価も下落していきます。この点、自社株買いと消却で EPS を向上させてきた NTT とは対照的です。

公募増資は、事業拡大や財務基盤強化を目的とすることが多いのですが、大抵の場合、投資家から敬遠されて株価は低迷します。

増資により事業が拡大して EPS を向上させることができれば、株価はいずれ戻しますが、**リーマンショック時のメガバンクのように、財務基盤強化のための増資は投資家にとってはマイナスイメージがつきまとい、長期間の株価低迷を覚悟しておく必要があります。**

とはいえ、リーマンショックは 100 年に 1 度と言われた金融危機です。メガバンクが増資を余儀なくされたのもやむを得ないのかもしれません。

実際、その後の経営は堅調で、配当も増額傾向が続いています。リーマンショックで地獄を見た投資家も、そろそろメガバンクを安心して投資できる対象として考え始めているのかもしれません。

■ 6. アステラス製薬

アステラス製薬は 2009 年頃に買い始めて 2010 年には現在の保有株数まで買い増ししています。アステラス製薬は上場来減配をしたことがなく、断続的に自社株買いと消却をおこなうなど、株主還元に積極的な銘柄です。

投資した時の配当利回りは 4% 前後でしたが、度重なる増配で投資元

本に対しての配当利回りは9.6％まで上昇しています。

当時は武田薬品工業も保有していましたが、武田薬品工業は巨額のM＆Aを繰り返して財務を悪化させて、増配余力はなくなり自社株買いもおこなわなくなりました。

業界のナンバー1とナンバー2への投資でしたが、アステラス製薬と明暗を分けた結果となりました。高配当銘柄であっても増配余力がなくなってくると、配当を維持するので精一杯となります。

長期保有が前提であれば、配当性向に余力があり、断続的に増配をおこなっている銘柄の方がリターンは高くなると思い知らされた事例です。

■ 7. 積水ハウス

積水ハウスは2020年に初めて投資しています。100株保有して経過を見ていましたが、2022年に一気に買い増しして現在の保有株数に至っています。

コロナ禍で業績が苦しくなった時に少しでも増配しようとしていた経営陣の姿勢を見て、投資機会がないかうかがっていました。

増配が予想される業績の進捗に対して株価の反応が鈍いことから買い増しを進めました。結果的に中間決算で大幅な増配が発表されて、投資元本に対する配当利回りも高まり、安心して長期保有できる状態を構築できました。

積水ハウスは実質累進配当となっており、配当利回りが4％を確保できる株価水準での追加投資を念頭に置いています。

■ 8. 花王

花王は、2009年から2010年にかけて投資しています。今でこそ破格の手数料で1株ずつ投資ができますが、当時は1,000株からという銘柄もめずらしくありませんでした。

花王も以前は1単元が1,000株だったため、必要金額の大きさから投資を断念せざるを得ませんでした。そんな花王も2009年8月には売買単位が100株となり、早速投資してみたのを覚えています。

花王は2,000円前後で500株投資して、その後は10年かけて9,000

円前後まで株価が上がり続けたことから、買い増しするチャンスがありませんでした。

2022年に株価の下落でPERが20倍程度の5,000円前後まで下がったこともあり、約12年ぶりに1株ずつ追加投資をおこないました。その後、株価は5,000円をはさんだ展開となっています。

この間、興味深かったのは、株価上昇局面では投資家の心理状態は強気一辺倒で、高いPERでも好んで買われていたことです。また、そのような時に買ったとしても株価の上昇を背景に投資が正当化され、投資を控えた方がよいという意見は少数派でした。

他方、株価が下落に転じて低迷すると、そのような銘柄に投資するのは愚かだという風潮が強くなりました。**振り返れば、皆が強気の時には慎重に、皆が弱気の時には果敢に投資した方がよいという結果になっています。**最近のJTでも同様の傾向が見られました。

投資の神様のウォーレン・バフェットも、**「皆が貪欲になっている時には恐れ、皆が恐れている時には貪欲でありなさい」**と言っています。大衆心理の逆をおこなうことは投資でリターンを上げる秘訣の一つなのかもしれません。

■ 9. スバル興業

スバル興業は2020年に新規投資しました。投資した視点としては、①時価総額が小さく将来の成長性に期待、②財務基盤は盤石で無借金、③高い収益率、といったものでした。

その後、2021年に追加で投資しています。2022年にも株価をにらみながら1株ずつ追加投資しています。

スバル興業は通期決算で配当予想を低めに出して、第3四半期決算で前期水準以上の配当へ上方修正する傾向にあります。したがって、インターネット等で公表されている配当利回りではなく、**前期実績配当を下限に配当利回りを算出して投資判断をおこなうのも一つの方法だと考えます。**

上記から算出した配当利回りで4%を超える水準であれば、追加投資を検討するに値すると認識しています。

小型株によくあるケースですが、出来高が少なく流動性が低いことか

ら、売りたい時に売れなくなる可能性があることに留意は必要です。

■ 10. KDDI

KDDI は 2017 年に新規投資しています。高配当かつ株主優待が魅力的ということで 100 株の投資から始まりましたが、事業の安定性や連続増配銘柄ということもあり、配当利回りに納得できる水準で少しずつ買い増しを継続中です。

株主優待が個人投資家に人気がありますが、個人株主数が増えてきているため、どこかのタイミングで優待廃止もあり得ると感じています。

ただ、株主優待がなくなったとしても保有に値する素晴らしい企業ですので、永久保有かつチャンスがあれば買い増しというスタンスは変わりません。

■ 11. 伊藤忠商事

伊藤忠商事は 2014 年に新規投資しています。他の財閥系商社と比較して相対的に割安だったというのが理由でした。その後は少しずつチャンスがあれば買い増しというスタンスです。

非資源を事業の中核としており、相対的に安心感があり、安くなれば積極的に買い増ししたいと思います。

■ 12. 東京海上ホールディングス

東京海上ホールディングスは、2016 年に新規投資しています。その後も少しずつ買い増しをおこなっています。

チャンスがあれば大きく買い増ししたいと思いつつも、その機会はなかなか訪れず株数を増やすことができずにいます。普通配当で減配歴はなく、安くなれば積極的に買い増ししたいと考える銘柄の一つです。

■ 13. 三菱 UFJ フィナンシャル・グループ

三菱 UFJ フィナンシャル・グループは、メモが残っている 2008 年の段階で既に保有していましたので、かなりの長期保有となります。

以前は株主優待を実施しており、品質の高いバスタオルをもらえたことから、株主優待目的で投資していました。リーマンショックの後は業

績も安定しており、配当も増配傾向にあることから、今後も配当利回りに納得できる株価水準で買い増しをおこなう予定です。

■ 14. マニー

　マニーは 2013 年に投資しています。眼科ナイフにおいて世界首位級で、売上高営業利益率は 30％前後と抜群の利益率を誇り、自己資本比率は 90％以上の知られざる超優良企業です。

　高い PER で株価が推移しているマニーですが、投資をした 2013 年では、PER が 16 倍強、配当利回りは 2％前後でした。3,000 円分のクオカードという株主優待があり、配当＋優待の総合利回りが 3％程度であったことからギリギリ納得できる水準と考え、投資に至りました。

　マニーのその後の株価上昇は著しく 1 単元の投資に過ぎませんでしたが、現在は株式の 3 分割を 2 回経て、評価額は準主力級まで成長しています。

　「営業利益率の高さ」「世界シェア首位級」「自己資本比率の異常な高さ」は、小型株が成長する際のキーワードではないかと感じさせる銘柄です。

■ 15. 日清食品ホールディングス

　日清食品ホールディングスは、2010 年に新規投資しています。優待目的で最低単元の保有です。今後、買い増し予定はありませんが長期保有の予定です。

■ 16. リコーリース

　リコーリースは、2020 年に新規投資しています。その後、買い増しすることで、現在は株主優待の恩恵が受けられる最大株数の 300 株の保有となっています。

　増配の常連銘柄で、連続増配は花王に次いで国内 2 位です。今後、株主優待制度に変更がなければ長期保有の予定です。

■ 17. INPEX

　INPEX はもともと株主優待目的で投資しています。2020 年に新規投

資しており保有年数はかなり短い銘柄です。コロナショックの際に株主優待の恩恵が受けられる最大株数の800株まで買い増しして、その後、相対的に安いと感じた時に1株のみ追加で投資しています。

業績は原油価格次第というところもあり、現在は高値圏で推移していますが、今後どうなるかは分かりません。

とはいえ、優良企業であることに疑いはなく、配当政策では配当の下限を設定していることから、株価が安くなるようであれば買い増ししたいと思える銘柄です。

■ 18. コマツ

コマツは2019年に新規投資して、その後は段階的に買い増しをおこなっています。景気敏感株で株価の変動は激しく、減配もありますが、株価はそれほど時間をかけずに戻す傾向にあります。

株価が暴落した時はチャンスと考えていますが、妥当な株価水準であればコツコツと株数を増やしたい銘柄です。

300株を3年以上保有すると、1/87スケールの建設機械のミニチュアがもらえるのは少し嬉しい優待です。

■ 19. ブリヂストン

ブリヂストンはずいぶん昔に一度保有して売却した経験があります。現在保有している株は2020年に投資したものです。

景気敏感株のため業績には振れ幅があり減配もありますが、**タイヤ世界首位級の超優良企業**であり、株価が安くなれば積極的に買い増ししたい銘柄です。

■ 20. 稲畑産業

稲畑産業は2020年に新規投資しています。その後に買い増しし、現在は株主優待の恩恵が受けられる最大株数の300株の保有となっています。

株主優待を目的として投資しましたが、累進配当政策や大幅な増配で株価は急上昇しました。買い増しの予定はありませんが、現在保有している300株は継続して保有していきたいと考えています。

■ 21. トーカロ

トーカロは、2022年に新規投資しています。溶射加工というニッチな市場で圧倒的なシェアを誇っており、営業利益率、自己資本比率の高さに加え、長期的には業績も伸長していること、増配傾向にあることなどから投資に至っています。現在のところ売却の予定はありません。

■ 22. 三洋貿易

三洋貿易は2020年に新規投資しています。着実な成長と増配、堅牢な財務基盤が魅力的なゴム・化学品商社です。株価は割安な水準で推移していることが多く、たまに1株ずつ買い増しすることもあります。

地味で派手さはありませんが、堅実な経営で株主還元の意識も高く、現在のところ売却の予定はありません。

■ 23. 沖縄セルラー電話

沖縄セルラー電話は、2016年に新規投資しています。連続増配銘柄で株主優待も実施していることを理由に投資しています。今後も長期保有の予定です。

■ 24. 長瀬産業

長瀬産業は、2018年に新規投資しています。その後、買い増しすることで、現在は株主優待の恩恵が受けられる最大株数の300株の保有となっています。

株主優待目的の保有で、カタログから選ぶサバ缶はかなり気に入っています。買い増しの予定はありませんが、現在保有の300株は長期保有の予定です。

■ 25. ミルボン

ミルボンは、2012年に新規投資しています。株主優待目的の投資だったため、分割時に最低単元の100株を残して余りを売却していますが、その後も株価が上昇し続けており、売却して後悔している銘柄の一つです。

業績が堅調に推移している場合、その後も株価は上昇し続けるパターンを何度か経験しており、優良銘柄は売却の必要はないことを思い起こさせてくれる銘柄です。株主優待のために100株残していたのは救いで、この100株は長期保有の予定です。

■ 26. 全国保証

全国保証は、2021年に新規投資しています。株主優待目的の投資ですが、業績は堅調で連続増配中です。

営業利益率は極めて高い状態が続いており、株主優待がなくても長期保有でリターンが期待できると考えます。買い増しの予定はありませんが、現在保有している100株は継続保有の方針です。

■ 27. アサヒグループホールディングス

アサヒグループホールディングスは、2022年に新規投資しています。連続増配銘柄で今後の増配も期待できること、食品株のため景気後退局面でも底堅い業績が期待できること、株主優待制度があることなどから投資に至っています。現在のところ売却の予定はありません。

■ 28. BPカストロール

BPカストロールは2012年に新規投資しています。当時は株主優待を実施しており、4%を超える配当利回りに株主優待がついて財務は鉄壁という魅力的な状態だったため投資しています。その後、優待は廃止されましたが、高配当は維持されていました。

最近は業績悪化で配当が減配傾向にありますが、買値がかなり安く、また、配当だけで投資元本の回収は終えており、惰性で保有している状況です。売却も検討しています。

■ 29. 内外トランスライン

内外トランスラインは、2013年に新規投資しています。株主優待を目的に投資しましたが、業績も堅調で財務基盤も鉄壁です。現在のところ売却予定はありません。

■30．フクダ電子

　フクダ電子は2023年に新規投資しています。高い営業利益率と鉄壁の財務基盤に加えて、増配を意識した経営がなされています。医用電子機器メーカーで心電計という特殊な市場でトップという点も魅力的です。現在のところ、売却の予定はありません。

■31．あらた

　あらたは、2022年に新規投資しています。手堅い業績に増配余力、年2回の株主優待に魅力を感じています。現在のところ売却予定はありません。

■32．大塚ホールディングス

　大塚ホールディングスは、2012年に新規投資しています。株主優待が魅力的で、配当は増配こそしないものの減配もせず、安定配当です。

　2015年12月期を最後に増配は途絶えているものの、業績の向上で増配余力は増してきており、**どこかのタイミングで増配に転じるのではないかと期待しています。**現在、保有は100株のみですが、永久保有の予定です。

■33．クボタ

　クボタは2020年に新規投資しています。当時、創業130周年で1回限定の株主優待を実施するというので、バリュエーションも悪くないと何気なく投資したというのが始まりです。

　その後は、実際に保有することで魅力を感じるようになり少しずつですが買い増しを継続しています。今後も、永久保有を前提として、適正な株価であれば買い増しを続けていきたいと考えます。

■34．日本ハム

　日本ハムは、2022年に新規投資しています。食品セクターで配当利回りが3%を超え、配当政策もDOE 2.3%程度を目安とすることへ変更し、安定配当が期待できることから投資に至りました。株主優待も実施

しており、現在のところ売却の予定はありません。

■ 35. 大和ハウス工業

大和ハウス工業は、2022年に新規投資しています。配当下限が130円としていたことから配当利回りが期待できたこと、業界首位級であることが投資理由です。

保有株数に応じて株主優待も実施しており、**買い増しにインセンティブのある株主優待制度となっています。**現在のところ売却予定はなく、チャンスがあれば買い増ししたいと考えています。

■ 36. 愛知電機

愛知電機は、2020年に投資しています。投資指標の割安さと高い配当利回りに株主優待のおまけもついており投資に至りました。現在のところ売却予定はありません。

■ 37. 日本ピラー工業

日本ピラー工業は、2020年に新規投資しています。利益率、自己資本比率の高さに加えて株主優待も実施している点に魅力を感じ投資に至りました。現在のところ売却予定はありません。

■ 38. 加藤産業

加藤産業は2022年に新規投資しています。安定的な業績に着実な増配、株主優待に魅力を感じて投資しています。現在のところ売却予定はありません。

■ 39. みずほリース

みずほリースは、2018年に新規投資しています。連続増配銘柄で高配当、長期保有特典のある株主優待制度に魅力を感じて投資しています。現在のところ売却予定はありません。

■ 40. ユニオンツール

ユニオンツールは、2022年に新規投資しています。営業利益率の高

さや財務の鉄壁さ、配当が増配傾向にあること、株主優待制度を導入していることから投資に至っています。現在のところ売却予定はありません。

■ 41.ヒューリック

ヒューリックは、2020年に新規投資しています。業績の堅調さに加えて株主優待も長期保有特典があり魅力的です。現在のところ売却予定はありません。

■ 42.日本取引所グループ

日本取引所グループは、2017年に新規投資しています。IRフェアで担当者の話をうかがった際に、個人投資家の裾野を広げたいので、配当＋優待で100％の還元となるように配慮していると聞き、100株のみの優待投資であればお得感があるなと感じたのが投資のきっかけです。

その後、事業の安定性や利益率の高さ等を鑑みるに、永久保有に値すると考えるに至っています。

単元保有が最も旨味のある銘柄ですが、配当利回りに納得できる水準であれば、買い増しを継続していきたいと考えます。

■ 43.石原ケミカル

石原ケミカルは2022年に新規投資しています。営業利益率、自己資本比率の高さに加えて、年2回の株主優待に魅力を感じて投資しています。現在のところ売却予定はありません。

■ 44.船井総研ホールディングス

船井総研ホールディングスは、2012年に新規投資しています。高い配当利回りと自己資本比率、株主優待に魅力を感じて投資に至っています。船井総研ホールディングスは、初めてテンバガー（株価が10倍となること）となった銘柄です。現在のところ売却予定はありません。

■ 45.日本管財ホールディングス

日本管財ホールディングスは2013年に新規投資しています。業績と

配当の安定性に加えて、年に2回の株主優待に魅力を感じて投資しました。2016年に株式分割しており、優待分を残して売却しましたが、その後も株価は上昇を続けました。

　ミルボンと同じく業績が堅調な企業が株式分割した際は保有を続けた方が得策であると後悔している銘柄の一つです。現在保有している100株は売却の予定はありません。

■ 46. SBIグローバルアセットマネジメント（旧モーニングスター）

　SBIグローバルアセットマネジメントは、2021年に新規投資しています。株主優待を目的とした投資です。株主優待は暗号資産XRPが付与されるというユニークな制度となっています。配当は増配傾向で、現在のところ売却の予定はありません。

　なお、以前はモーニングスターという社名でしたが、「モーニングスター」のブランドを返還することで、社名が「モーニングスター株式会社」から「SBIグローバルアセットマネジメント株式会社」へ変更となりました。

■ 47. コタ

　コタは、2013年に新規投資しています。利益率と自己資本比率の高さに加え、株主優待に魅力を感じ投資しています。現在のところ売却予定はありません。

■ 48. テレビ東京ホールディングス

　テレビ東京ホールディングスは、2023年に新規投資しています。株価は低迷していましたが、業績が底打ちしたこと、配当は安定していることに加えて株主優待を実施していることから投資に至っています。現在のところ、売却予定はありません。

■ 49. ニチリン

　ニチリンは2021年に新規投資しています。株主優待を目的とした投資です。業績は堅調で配当も増加傾向にあることから、現在のところ売却予定はありません。

■ 50. 住友商事

住友商事は以前に保有していたことがありますが一度売却しており、現在保有の株式は 2020 年に投資しています。

総合商社は大手 3 社で十分という認識をもちつつも、相対的に配当利回りが高くなっていたことから投資しています。NISA 枠で投資していることから、非課税の期間は保有を継続する予定です。

■ 51. 南陽

南陽は、2022 年に新規投資しています。株主優待を目的とした投資です。業績は堅調で配当も増加傾向にあり、現在のところ売却の予定はありません。

■ 52. TAKARA & COMPANY

TAKARA & COMPANY は、2021 年に新規投資しています。業績が堅調に伸長していることや配当も増加傾向にあること、加えて株主優待も実施していることから投資に至っています。現在のところ売却予定はありません。

■ 53. キユーピー

キユーピーは、記録の残っている 2008 年の段階で既に保有していましたので、かなりの長期保有となります。投資した理由は株主優待です。配当はゆるやかな増配傾向にあり、今後も長期保有の方針です。

■ 54. FUJI

FUJI は、2022 年に新規投資しています。高い自己資本比率で財務基盤は鉄壁、営業利益率も高く、配当も増加傾向にあることが魅力的だと考えました。現在のところ売却予定はありません。

■ 55. 穴吹興産

穴吹興産は、2022 年に新規投資しています。株主優待を目的とした投資です。業績は長期的に右肩上がりで、配当も増加傾向です。現在の

ところ売却予定はありません。

■ 56. オリックス

オリックスは、2015 年に新規投資しています。株主優待目的の投資でしたが、業績は堅調で配当も安定的です。2024 年 3 月期をもって株主優待は廃止されますが、株主優待がなくても長期保有に値する銘柄だと考え、今後も保有を継続していきます。

■ 57. J-POWER

J-POWER は 2023 年に新規投資しています。石炭火力・水力発電で国内首位級の電力会社です。配当は上場して以来、減配されたことがなく安定的な配当が期待できます。今後も保有を継続していく予定です。

■ 58. 立花エレテック

立花エレテックは、2019 年に新規投資しています。株主優待を目的とした投資です。株主優待は継続されており、現在のところ売却は予定していません。

■ 59. 前澤給装工業

前澤給装工業は、2013 年に新規投資しています。株主優待を目的とした投資です。業績は堅調で配当も長い目で見れば増加傾向にあり、現在のところ売却予定はありません。

■ 60. 日伝

日伝は、2022 年に新規投資しています。株主優待を目的とした投資です。年に 2 回の株主優待が魅力で、現在のところ売却予定はありません。

■ 61. パイオラックス

パイオラックスは、2020 年に新規投資しています。以前は 100 株の保有でもグルメギフトがもらえたのですが、現在は 300 株の保有が必要となり、改悪されました。財務基盤は盤石で、配当利回りは悪くない

ため、現在のところ保有を継続しています。

■62. ハピネット

ハピネットは、2013年に新規投資しています。株主優待を目的とした投資で、毎年ユニークな優待が選択できるカタログが届きます。現在のところ売却は予定していません。

■63. 不二製油グループ本社

不二製油グループ本社は、2010年に新規投資しています。株主優待目的の投資です。株主優待でもらえるチョコレートは個人投資家の間でも人気があり、家族も毎年楽しみにしています。今後も長期保有の方針です。

■64. RYODEN（旧菱電商事）

RYODENは、2020年に新規投資しています。株主優待を目的とした投資です。業績は堅調で増配傾向にあり、現在のところ売却の予定はありません。

■65. 大石産業

大石産業は2023年に新規投資しています。パルプモウルド国内首位で財務基盤も安定し、株主優待制度を設けている点も魅力的です。株主優待制度に変更がない限り保有を継続していく方針です。

■66. エクセディ

エクセディは2020年に新規投資しています。株主優待を目的とした投資ですが、投資元本に対しての配当利回りも高く納得感のある投資となっています。

株主優待はカタログギフトですが、内容がよく満足感の高い優待です。現在のところ売却は予定していません。

■67. ナフコ

ナフコは、2022年に新規投資しています。年に2回の株主優待に加

え、投資指標の割安さ、増加傾向にある安定配当に魅力を感じて投資しています。現在のところ売却予定はありません。

■ 68．ウェルネオシュガー

ウェルネオシュガーは2013年に新規投資しています。株主優待を目的とした投資です。もともとは日新製糖でしたが、2023年1月の伊藤忠製糖との経営統合により現社名となりました。安定的な配当を継続しており、現在のところ売却予定はありません。

■ 69．ティーガイア

ティーガイアは、2019年に新規投資しています。株主優待目的で投資していますが、ここ数年は業績が低迷しており、増配もできない状況が続いていることから売却も検討しています。

■ 70．たけびし

たけびしは2018年に新規投資しています。株主優待を目的とした投資です。株主優待が廃止される兆候もないことから、現在のところ売却の予定はありません。

■ 71．帝国繊維製作所

帝国繊維製作所は、2022年に新規投資しています。売上高営業利益率の高さに加えて、鉄壁の財務基盤、さらに株主優待制度も導入していることから投資に至っています。現在のところ売却の予定はありません。

■ 72．ニチレキ

ニチレキは2023年に新規投資しています。高い営業利益率に鉄壁の財務基盤、配当も安定的であることが魅力で、投資に至っています。現在のところ、売却の予定はありません。

■ 73．マンダム

マンダムは2012年に新規投資しています。株主優待を目的とした投

資で、以前はワクワクするような立派な優待が送られてきたのですが、近年の業績悪化に伴い優待はグレードダウンして魅力がなくなってきています。業績も悪い状態が続いていることから売却を検討しています。

■ 74. 平河ヒューテック

平河ヒューテックは、2022年に新規投資しています。株主優待を目的とした投資です。業績は概ね堅調で、配当も増加傾向にあります。現在のところ売却予定はありません。

■ 75. ラサ商事

ラサ商事は、2020年に新規投資しています。当初は株主優待を目的として投資しましたが、現在は廃止されています。ただ、業績は右肩上がりで、配当も増配傾向にあり、株主優待はなくなったものの保有は継続する予定です。

■ 76. アルコニックス

アルコニックスは2023年に新規投資しています。増加傾向にある安定的な配当に加えて、長期保有でグレードアップする株主優待も魅力的です。株主優待制度に変更がない限り保有を継続していく方針です。

■ 77. J. フロント リテイリング

J. フロント リテイリングは、2018年に新規投資しています。株主優待目的の投資です。

大丸や松坂屋での買い物が10％オフとなることから、単身赴任時代に帰省の際のお土産を買うのによく利用していました。単身赴任が解消されてからは使う機会がほとんどなくなり、売却を検討しています。

■ 78. クラレ

クラレは2012年に投資しています。100株保有すると株主優待でちょっとしたマスコットがもらえたため優待目的で保有していましたが、現在はなくなりました。ただ、配当は安定しており、現在のところ売却は予定していません。

■ 79. DCM ホールディングス

DCM ホールディングスは、2012 年に投資しています。株主優待目的で投資しましたが、その後の業績は堅調で増配が続き、株価も堅調に推移しています。現在のところ売却の予定はありません。

■ 80. カナデン

カナデンは、2021 年に新規投資しています。株主優待を目的とした投資です。安定配当とは言い難いのですが、投資元本に対しての配当利回りは一定程度確保されており、株主優待も継続されていることから、現在のところ売却する予定はありません。

■ 81. 中央倉庫

中央倉庫は、2022 年に新規投資しています。株主優待を目的とした投資です。業績は堅調で配当も増加傾向にあることから、現在のところ売却の予定はありません。

■ 82. 宝ホールディングス

宝ホールディングスは 2020 年に新規投資しています。食品株としては珍しく配当利回りが 3％を超えていたことに加え、株主優待制度が導入されていることも魅力的に感じて投資に至っています。現在のところ売却の予定はありません。

■ 83. サカタインクス

サカタインクスは、2021 年に新規投資しています。株主優待を目的とした投資です。配当は、増配はしないものの安定的で、業績の推移から株主優待が廃止される兆候もなく、現在のところ売却する予定はありません。

■ 84. プロネクサス

プロネクサスは、2021 年に新規投資しています。株主優待を目的とした投資です。業績は堅調で配当も増配傾向です。株主優待は長期保有

特典があり、現在のところ売却の予定はありません。

■85．ニッケ

ニッケは2020年に新規投資しています。株主優待を目的とした投資です。業績は堅調で配当も45年以上減配したことがなく、ここ数年は増配傾向にあります。株価次第では追加投資を検討したいと考えています。

■86．九州リースサービス

九州リースサービスは、2019年に新規投資しています。株主優待を目的とした投資です。業績は堅調で、配当も増配傾向です。現在のところ売却の予定はありません。

■87．中外製薬

中外製薬は、1株投資で実験的に保有しています。業績が着実に伸長していることや安定的な配当に魅力を感じています。

■88．新東工業

新東工業は、2021年に新規投資しています。株主優待を目的とした投資です。配当は増加傾向にあり、株主優待には長期保有特典もあることから、現在のところ売却の予定はありません。

■89．システム情報

システム情報は2021年に新規投資しています。株主優待を目的とした投資です。業績は堅調で配当も増配傾向です。株主優待は長期保有特典があり、現在のところ売却の予定はありません。

■90．コーア商事ホールディングス

コーア商事ホールディングスは2023年に新規投資しています。株主優待を目的とした投資でしたが、投資をおこなった後に、株主優待の権利を得るために必要な株数が、100株から200株へと変更されました。

現在の保有株数では株主優待を得る条件を満たしていませんが、着実

な増配を続けていることもあり、保有を継続するかどうか今後検討していきたいと考えています。

■91. カーリットホールディングス

カーリットホールディングスは2020年に新規投資しています。株主優待を目的とした投資です。配当は安定的に推移しており、現在のところ売却予定はありません。

■92. フジマック

フジマックは、2020年11月に新規投資しています。株主優待を目的とした投資です。配当は安定的で、株主優待は長期保有特典もあることから、現在のところ売却予定はありません。

■93. ひろぎんホールディングス

ひろぎんホールディングスは、2020年に新規投資しています。株主優待を新設した時に、条件のよすぎる株主優待内容にSNSでは話題沸騰となりましたが、案の定、優待内容は改悪されています。

「条件のよすぎる株主優待は改悪や廃止の憂き目にあう」という経験則のとおりとなりました。株主優待は最低単元での保有ではかなりグレードダウンしていますが、高配当は維持していることから、しばらく保有は継続する予定です。

■94. 明光ネットワークジャパン

明光ネットワークジャパンは2014年に新規投資しています。株主優待を目的とした投資です。ここ数年業績が芳しくなく、配当も減配された時期がありました。

経営陣の株主還元への姿勢は評価できるものの、場合によっては売却を検討しなくてはならないと考えています。

■95. みずほフィナンシャルグループ

みずほフィナンシャルグループは2017年に投資しています。株式併合により単元未満株となってしまっておりますが、配当は安定的なこと

から惰性で保有を継続しています。

メガバンクについては上位2社へ投資していれば事足りるという認識であり、機会があれば売却する予定です。

■96. 三共生興

三共生興は、2012年に新規投資しています。株主優待を目的とした投資でしたが、現在は廃止されています。投資元本に対しての配当利回りがかなり高くなっており、現在のところ売却の予定はありません。

■97. 日神グループホールディングス

日神グループホールディングスは、2020年に新規投資しています。株主優待を目的に投資しましたが、制度の変更で最低単元の保有では対象外となりました。NISA枠で投資しているため、非課税期間が終わるまでは保有を継続する予定です。

■98. アステナホールディングス

アステナホールディングスは、2020年に新規投資しています。株主優待を目的とした投資です。配当は安定的で、株主優待で選択できるカレーが気に入っていることもあり、現在のところ売却予定はありません。

■99. 日本フエルト

日本フエルトは、2013年に新規投資しています。株主優待を目的に投資しており、株主優待制度に変更がない限り保有を継続していく方針です。

■100. 三谷産業

三谷産業は2020年に新規投資しています。株主優待を目的に投資していますが、制度に変更があり、2024年3月権利分からは100株保有では対象外となります。配当は安定的であることや、優待の陶磁器製品は気に入っていることもあり、権利獲得に必要とされる300株の保有もありと思案しているところです。

■ 101. AGC

　AGC は、1 株投資で実験的に保有しています。業界のトップ企業で配当利回りも高いことから、しばらく経過を見る予定です。

■ 102. テルモ

　テルモは、1 株投資で実験的に保有しています。1 株保有することで自社製品を割引価格で購入できる株主優待制度があります。テルモは間違いなく超優良企業なのですが、それゆえに株価が高く投資できないというジレンマに陥っています。

■ 103. 上新電機

　上新電機は優待目的で 1 株のみ保有しています。2,000 円以上の買い物で、2,000 円ごとに 1 枚使用できる 200 円の割引券を 25 枚もらうことができます。株主優待制度に変更がない限り保有を継続していく方針です。

連続増配ランキング
10年、15年以上増配を
続けている銘柄とは？

巻末付録2では、15年以上増配を継続している銘柄の連続増配ランキングを掲載しています。15年以上増配を継続しているということは、リーマンショックやコロナショックの際も減配されていないことを意味し、今後も増配が継続される可能性が高い銘柄群です。

　連続増配銘柄をリストアップしておき、自分が納得できる配当利回りとなった際に投資ができれば、その後は長期保有することで、投資元本に対しての配当利回りは上昇し続けていくことになります。

　また、連続増配を継続できる銘柄は、業績が堅調に推移していることがほとんどです。長く保有することで、株価の上昇も期待できるでしょう。

　あわせて、連続増配年数は15年以上とはなっていないものの、10年以上増配を継続している注目銘柄も掲載しています。投資先を検討する際に選択肢の一つとして活用いただければ幸いです。

連続増配ランキング（2023年3月現在）		
	銘柄（証券コード）	連続増配年数
1位	花王（4452.P）	33年
2位	リコーリース（8566.P）	27年
3位	SPK（7466.P）	24年
	小林製薬（4967.P）	
5位	三菱HCキャピタル（8593.P）	23年
6位	ユー・エス・エス（4732.P）	22年
7位	プラネット（2391.S）	21年
	トランコム（9058.P）	
	ユニ・チャーム（8113.P）	
10位	リンナイ（5947.P）	20年
	芙蓉総合リース（8424.P）	
	みずほリース（8425.P）	
	東京センチュリー（8439.P）	
	KDDI（9433.P）	
	沖縄セルラー電話（9436.S）	
	サンドラッグ（9989.P）	
17位	サンエー（2659.P）	19年
	パン・パシフィック・インターナショナルHD（7532.P）	
19位	アルフレッサHD（2784.P）	18年
	ロート製薬（4527.P）	
	栗田工業（6370.P）	
	高速（7504.P）	
	ニトリHD（9843.P）	
24位	コムチュア（3844.P）	17年
	イオンディライト（9787.P）	
26位	ハマキョウレックス（9037.P）	16年
	GMOペイメントゲートウェイ（3769.P）	
	シークス（7613.P）	
29位	NECネッツエスアイ（1973.P）	15年
	アサヒグループHD（2502.P）	

その他、連続増配中の注目企業（2023 年 3 月現在）	
銘柄（証券コード）	連続増配年数
ショーボンド HD（1414.P）	14 年
大和ハウス工業（1925.P）	12 年
積水化学工業（4204.P）	
テルモ（4543.P）	
富士フイルム HD（4901.P）	
長瀬産業（8012.P）	
豊田通商（8015.P）	
NTT（9432.P）	11 年
アステラス製薬（4503.P）	10 年
東京海上 HD（8766.P）	